Christine Bauer-Jelinek

DER FALSCHE FEIND

Schuld sind nicht die Männer

Christine Bauer-Jelinek

DER FALSCHE FEIND

Schuld sind nicht die Männer

ecoWIN

Christine Bauer-Jelinek
Der falsche Feind
Schuld sind nicht die Männer

FSC
www.fsc.org

MIX

Papier aus ver-
antwortungsvollen
Quellen

FSC® C012536

Das für dieses Buch verwendete FSC-zertifizierte Papier
EOS lieferte Salzer, St. Pölten.

1. Auflage
© 2012 Ecowin Verlag, Salzburg
Lektorat: Dr. Arnold Klaffenböck
© Porträtfotos Christine Bauer-Jelinek: Elke Ortner
Gesamtherstellung: www.theiss.at
Gesetzt aus der Sabon
Printed in Austria
ISBN 978-3-7110-0029-3

1 2 3 4 5 6 7 8 / 14 13 12

www.ecowin.at

Inhaltsverzeichnis

Für alle Frauen und Männer,
die sich eine menschlichere Gesellschaft wünschen.

Sind Frauen die besseren Menschen?

Wenn mehr Frauen an der Macht gewesen wären, hätte die Wirtschaftskrise verhindert werden können. Es handle sich um eine „Testosteronkrise", die das „Ende des Machotums" und „die Stunde der Frauen" einleiten würde. „Maskuline Verantwortungslosigkeit und Zockerei haben den wirtschaftlichen Karren an die Wand gefahren …", lesen wir im September 2009 in der österreichischen Tageszeitung „Die Presse".

Verwundert verfolgen wir die frauenfreundlichen Kommentare in den Medien seit dem Ausbruch der Krise – und der Trend hält weiter an: Schlagworte wie „moderne Trümmerfrauen", der „Machtfaktor Frau" oder das „Jahrhundert der Frauen" werden flankiert von internationalen Studien. Das Beratungsunternehmen McKinsey fand heraus, dass Entscheidungsgremien, in denen zu mehr als einem Drittel Frauen tätig sind, deutlich bessere Finanzergebnisse erwirtschaften würden als jene, in denen nur Männer sitzen. Oder auch eine Studie der Boston Consulting Group, die aufzeigt, dass Frauen bald nicht nur verstärkt in den Vorstandsetagen präsent sein, sondern auch den größten „Zukunftsmarkt" überhaupt darstellen würden. Die geballte weibliche Wirtschaftskraft beruhe auf steigender Bildung, höherem Einkommen und der Tatsache, dass Frauen bereits jetzt 70 Prozent aller Kaufentscheidungen treffen. Und die Welt würde dadurch auch besser werden, weil Frauen Geld langfristiger und nachhaltiger ausgeben als Männer.

Die „Frankfurter Allgemeine Zeitung" resümiert im März des Folgejahres: „Sind Frauen an der Spitze, geht es dem Unternehmen besser." Und der Zukunftsforscher Matthias Horx fordert sogar die „Feminisierung der Werte", denn Männer würden Entscheidungen vor allem hormonell bestimmt statt rational treffen. Frauen seien dagegen wesentlich zukunftsorientierter.

Spätestens jetzt sind wir bass erstaunt angesichts all dieser unverzichtbaren neuen Eigenschaften der Frauen. Bisher waren sie es doch, die als irrational und hormongesteuert galten, während die Männer als disziplinierte und vernunftorientierte Wesen zu Recht an den Schalthebeln der Macht werken durften. Nun soll es plötzlich genau umgekehrt sein? Jetzt würden Frauen über die wesentlichen Verhaltensweisen verfügen, ohne die die Wirtschaft offensichtlich ihre Krise nicht bewältigen und im harten Wettbewerb nicht bestehen kann? Frauen wie Männer fragen sich irritiert, was denn diesen rasanten Gesinnungswandel bewirkt haben könnte, denn was von bedeutenden männlichen Philosophen über die Frauen geschrieben wurde, liest sich ja ganz anders: „Das Weibchen ist nämlich gleichsam ein verstümmeltes Männchen" (Aristoteles). Oder: „Demgemäß wird man als den Grundfehler des weiblichen Charakters Ungerechtigkeit finden. Er entsteht zunächst aus dem dargelegten Mangel an Vernünftigkeit und Überlegung, wird zudem aber noch dadurch unterstützt, dass sie, als die Schwächeren, von der Natur nicht auf die Kraft, sondern auf die List angewiesen sind: daher ihre instinktartige Verschlagenheit und ihr unvertilgbarer Hang zum Lügen" (Arthur Schopenhauer). Oder: „Das Symbol der Frauen im Allgemeinen ist das der Apokalypse, über der geschrieben steht: Mysterium" (Denis Diderot).

Die Maximen, die im Laufe der Geschichte Geltung hatten, lauteten: Die Frau müsse von Wirtschaft und Politik ferngehalten sowie vom Mann, von der Gesellschaft und der Religion kontrolliert werden, denn sie sei ein gefährliches Wesen. Angefangen von den Muttergottheiten, die alles gebären, aber auch alles vernichten konnten, über Eva, die den schwachen Charakter Adams offenkundig werden ließ, bis hin zu Hexen und Huren zieht sich die Angst vor dem Abgründigen, Sexuellen, Irrationalen der Frau durch Wissenschaft und Literatur – aber auch durch die Gesetzgebung.

Auch heute noch – allerdings nur noch unter vier Augen oder nach ein paar Gläsern Wein – kommen negative Zuschreibungen ans Tageslicht: Wie zickig, hysterisch, stutenbissig, manipulativ, vereinnahmend, besserwisserisch, undurchschaubar doch die „Weiber" wären.

Fragt man jedoch öffentlich nach weiblichen Eigenschaften, so wird es kaum noch jemand wagen, in die Schmuddelkiste zu greifen. Man bekommt vielmehr die

ganze Bandbreite der tugendhaften Frau präsentiert: fürsorglich, sozial, empathisch, ganzheitlich denkend, kom-
munikativ, emotional intelligent, intuitiv, fleißig, genau,
ernsthaft, multitasking, gut organisiert, verantwortungs-
voll, belastbar, umsichtig, bescheiden, zurückhaltend –
die Frau mit dem Glorienschein der guten Mutter: Lob-
lieder auf ihre Güte, Sanftheit, Schönheit – und fallweise
auch Begeisterung über die erotischen Freuden, die sie zu
bieten hat.

Die Bewunderung der „weiblichen Tugenden" erlebte
mit der Romantik und der Aufklärung eine Hochblüte
und führt seither in unseren Köpfen ein Eigenleben: Die
Frau wäre nicht an ihrem eigenen Wohl interessiert, sondern diene zuerst ihren Kindern, ihrem Mann, ihrer Gemeinde, der Gesellschaft, dem Regenwald und dem ganzen Universum. Sie wäre ein Vorbild an Menschlichkeit
– oder um mit Goethe zu sprechen: „das Ewig-Weibliche
zieht uns hinan" („Faust 2").

Die Frau wurde lange Zeit aufgrund ihrer Fähigkeit,
Kinder zu gebären, geehrt und bevorzugt, weil sie dem
Leben näher stünde und daher von „Natur" aus moralischer und menschlicher handle als der Mann. Sie wurde
als das „bessere Wesen" verstanden; ihr Leben war grundsätzlich mehr wert als jenes der Männer – daher hieß es
bei Gefahren auch immer, „Frauen und Kinder" zuerst.

Dämonisierung und Idealisierung wechseln einander
im Laufe der Geschichte ab. Die Wellenbewegung der
jüngeren Vergangenheit reicht von der Femme fatale und

dem Vamp der wilden 1920er-Jahre über den Mutterkult des Dritten Reichs mit seinen Ausläufern im Ideal der Hausfrau der 1950er-Jahre weiter zur 1968er-Rebellion mit ihrer Ablehnung jeglichen „Weiblichkeitswahns" bis zur heutigen Renaissance der positiven weiblichen Werte in Wirtschaft und Politik.

Während die positiven Eigenschaften der Frauen zurzeit hoch im Kurs stehen, ist von den männlichen Tugenden nicht viel übrig geblieben. Die Welle der Verachtung beginnt mit der Aufklärung und erreicht heute einen vielleicht noch nie dagewesenen Höhepunkt; die einstmals positiven Eigenschaften der Männer wurden der Lächerlichkeit preisgegeben: Ein Gentleman sei verzopft, ein Alleinverdiener behindere die Frau in ihrer Selbstentfaltung, Mut diene der Selbstdarstellung, Aufopferung in der Arbeit wäre Dummheit und eine kürzere Lebenserwartung der Männer die logische Folge von Ignoranz und mangelnder Selbstfürsorge.

In der Werbung, einem brauchbaren Indikator für gesellschaftliche Trends, spielen Männer inzwischen die Rolle des Dümmlings. Waren es bis in die 1980er-Jahre die einfältigen Fräuleins, die von wissenden Herren über den richtigen Umgang mit Autos oder technischen Geräten belehrt wurden, so zeigen heute die Frauen, wo es langgeht: Ungeschickte Männer werden mit einem Haushaltstuch einfach „wisch-und-weg"-geputzt oder von ihren neurotischen Zwängen mit einem probiotischen Milchprodukt geheilt – „Herbert, trink das!"

Auch im direkten Kontakt der Geschlechter hat die Missachtung nur die Seiten gewechselt. Frauen reißen heute ungestraft männerfeindliche Witze, machen abfällige Bemerkungen über deren Sexualität, ihren Charakter oder ihr Aussehen. Zugleich wird aber jede anzügliche Bemerkung von Männern über Frauen auf die Goldwaage gelegt und rigoros verfolgt. Da genügt oft schon ein strafender Blick, um einen harmlosen Scherz als frauenfeindlich zu entlarven und das Gelächter darüber im Hals zu ersticken. Viele Frauen verdrehen die Augen, wenn sie das Wort „Männer" nur aussprechen.

Political Correctness heißt die neue Tugend im Sinne des Respekts vor der gesellschaftlichen Vielfalt (Diversity). Dieser Schutz gilt nicht nur für Frauen, sondern auch für Menschen mit Behinderungen, andere Ethnien oder die Generationen. Ausgenommen davon sind offensichtlich nur die Männer. Sie sind als Prügelknaben dazu da, negative Emotionen auf sich zu ziehen. Sie dürfen öffentlich der minderen Moral bezichtigt werden, man darf ihnen pauschal unlautere Absichten oder Gewalttätigkeit unterstellen.

Und Männer wehren sich kaum. Männer, die lächerlich gemacht werden, widersprechen selten und stecken die Kränkung aus alter ritterlicher Gewohnheit weg: „Ein Indianer kennt keinen Schmerz." Man kämpft nicht gegen Frauen und jammert nicht über Verletzungen. Oder sie nehmen die jahrzehntelangen Vorwürfe gegen eine männerdominierte Gesellschaft persönlich, finden die Schuldzuschreibung gerechtfertigt und meinen, Strafe verdient zu haben.

Was immer Männer also zurzeit versuchen, um ihre Würde wiederzuerlangen, ist nicht von Erfolg gekrönt – sie sind entweder schuld oder lächerlich. Frauen hingegen bauen ihren Status als „das bessere Geschlecht" weiter aus: Das Überleben der Menschheit, der Umwelt, der Wirtschaft müsse in ihre Hand gelegt werden, denn Männer hätten ihre Chance gehabt und sie verspielt. Und weil in der Gesellschaft Konkurrenz, Ungleichheit und Ausbeutung von Mensch und Natur immer noch die bestimmenden männlichen Werte wären, müssten Frauen ihre Schlagzahl jetzt erhöhen: „Mehr Frauen in Machtpositionen", lautet der weibliche Schlachtruf, denn sie würden eine bessere Welt erschaffen können.

Kann der Mythos von der Frau als besseres Wesen aber einen Stresstest bestehen? Wohl kaum. Frauen sind als Führungspersonen keineswegs so kompetent und beliebt, wie gerne behauptet wird. Im vertrauten Umfeld kann man von beiden Geschlechtern hören, dass sie lieber mit Männern arbeiten – sowohl als Mitarbeiter als auch als Vorgesetzte; nicht wegen der alten Vorurteile, sondern aus praktischer Erfahrung: Männer seien „pflegeleichter", weniger empfindlich und nachtragend, sie würden sich besser integrieren, Vorgaben und Ziele rascher akzeptieren. Frauen würden nicht besser führen oder verkaufen, sie seien nicht teamfähiger, ja nicht einmal kommunikativer als Männer – im Gegenteil: Sehr oft würden sie aufgrund ihres mangelnden Verständnisses der Spielregeln und ihrer moralischen Selbstüberschätzung sogar Schaden anrichten.

Langsam bröckelt der Verputz von der weiblichen Ikone des Friedens. Nicht nur die Lebenspraxis in Beruf und Familie zeigt ein anderes Bild, auch extreme Schocks haben einen Nachdenkprozess angestoßen: So waren beispielsweise während des letzten Golfkrieges an den Gräueltaten im Foltergefängnis von Abu Ghraib auf US-amerikanischer Seite auch weibliche Soldaten beteiligt. Das Bildmaterial, das die Soldatin Lynndie England bei sexueller Gewaltanwendung gegen wehrlose Gefangene zeigt, löste weltweites Entsetzen aus. Und auch die fehlende Schuldeinsicht der Soldatin beim Prozess irritierte die Öffentlichkeit sehr: Es kann nicht sein, dass Frauen zu so etwas fähig sind! Fieberhaft wurde nach Erklärungen gesucht, um diesen Tabubruch abzuschwächen. Feministisch dominierte Pressestimmen meinten: Die Frauen wurden von Männern ausgebildet und kommandiert. Doch auch die Führung des Gefängnisses, Janis Karpinski, war zu diesem Zeitpunkt weiblich.

Vergleicht man bei Internetrecherchen die damaligen Pressemeldungen mit aktuellen Berichten über Abu Ghraib, so wird die Bewältigungsstrategie für diese Irritation deutlich: Die Tatsache der Frauenbeteiligung an dem Skandal ist nicht mehr erwähnenswert, bloß Bildunterschriften weisen noch auf Frau England hin. Und es besteht kein Frauennetzwerk auf der weiblichen Schreibweise der Beteiligten – das „Binnen-I" für TäterInnen wird nicht eingefordert. Da wird nicht analysiert, wie viele Frauen in diesem Gefängnis stationiert waren und wie viele davon als weibliche Offiziere Mitverantwortung trugen. Da nur noch von Personen und Soldaten die Rede ist, bekommt man den Eindruck, es wären wie immer nur Männer gewesen, die diese Verbrechen begangen hätten. Dass es möglicherweise die gesellschaftlichen Umstände sind, die auch aus Frauen entweder fürsorgliche Familienmenschen oder schreckliche Monster machen, wird nicht einmal in Erwägung gezogen.

Doch auch dieses einschneidende Ereignis hat das Image von der moralischen Überlegenheit des weiblichen Geschlechts nicht nachhaltig beschädigt. Frauen halten sich inzwischen selbst für besser geeignet, die gesellschaftlichen Probleme zu meistern, und viele Männer sind ebenfalls davon überzeugt. Einsicht in die Fehler und Grenzen der Frauen kann man zurzeit nicht erwarten, denn die öffentliche Meinung sowie die politisch beauftragten Frauenreferate und -organisationen stehen auf ihrer Seite und sprechen ihnen in jeder Lage Mut zu: Frauen, macht weiter so, denn ihr seid moralischer, friedlicher und sozialer als Männer. Das hilft ihnen einerseits, sich mehr zuzutrauen, führt jedoch andererseits dazu, dass sie eine immer größere Diskrepanz zwischen Ideal und Wirklichkeit erleben und ertragen müssen: in ihrem Job, ihrer Karriere wie auch in ihren Beziehungen.

Gültige Position der westlichen Welt ist heute: Frauen könnten die Bedingungen der Arbeitswelt und der Gesellschaft ändern, wenn nur genügend von ihnen an die Macht kämen. Doch das Ziel, mehr Frauen in Toppositionen in Politik und Wirtschaft zu bringen, hat sich verselbstständigt: Die Forderung nach der Quote wird verstärkt, die Enttäuschung über die Ohnmacht, die sie dort erleben, verschwiegen. Obwohl inzwischen allgemein bekannt ist, dass weibliche Entscheidungsträger nicht einfach aufgrund ihres Geschlechts anders handeln können wie Männer, wird den Frauen weiterhin diese Illusion vermittelt. Viele erkennen erst spät, dass sie in denselben Funktionen dieselben Ziele erreichen müssen – und auch denselben Preis bezahlen wie die Männer. Man darf sich nicht wundern, dass diejenigen, die es geschafft haben und weiterhin erfolgreich sein wollen, ebenso Kriege führen und Profite erwirtschaften wie die Männer. Denn nicht das Geschlecht bestimmt über das Verhalten der Individuen, sondern die Ziele und Werte einer Gesellschaft verlangen nach Umsetzung durch ihre Eliten.

Das möchte allerdings derzeit kaum jemand hören, denn damit würde man ja zugeben, dass Frauen sich wie Männer verhalten müssen, wenn sie in Machtpositionen kommen wollen. Dann hätten sie ja all die Dinge, die sie jetzt so heftig kritisieren, auch mitzuverantworten. Frauen könnten sich nicht mehr als das „bessere Geschlecht" positionieren, mit moralischer Oberhoheit punkten und ihre „weiblichen" Verhaltensweisen nutzen. Wenn sich die Grundsätze des Wirtschaftens nicht für alle ändern, müssten sie sich im Wettbewerb beweisen, sich die Hände schmutzig machen und ihre Privilegien aufgeben, während Männer die Chance auf mehr Gesundheit, Soziallleben und Selbstreflexion bekommen könnten – doch so viel Gleichberechtigung wollen die Frauen offenbar nun auch wieder nicht.

Ungleicher Lohn für ungleiche Arbeit

In der westlichen Welt sind Frauen den Männern heute faktisch rechtlich gleichgestellt. Mit der Öffnung aller gesellschaftlichen Bereiche sollte ihrer Forderung nach Chancengleichheit eigentlich Genüge getan sein: Sie können alles lernen und auch (fast) alles werden. Doch Gender-Studien und Medienberichte überschlagen sich förmlich in der Anklage und in der Beweisführung über die Benachteiligung der Frauen: Erstens müsse schon der Gerechtigkeit wegen die (weibliche) Hälfte der Bevölkerung auch die Hälfte der Ressourcen erwirtschaften und besitzen. Zweitens müssten Frauen in allen Gremien zu 50 Prozent vertreten sein, weil nur sie selbst ihre Bedürfnisse kennen und durchsetzen würden. Und drittens könnten Wirtschaft und Politik nicht auf das Potenzial der vielen gut ausgebildeten Frauen verzichten. Klingt doch plausibel? Wir haben diese Argumente total verinnerlicht und in unseren Sprachgebrauch übernommen, obwohl sie falsch und unlogisch sind.

Zur Frage der Gerechtigkeit: Die Mehrheit der Frauen hat schon die längste Zeit die Verfügungsgewalt über einen Großteil des gesamten Einkommens einer Familie. Sie entscheiden nicht nur über die kleinen Dinge wie die Suppe und die Socken, sondern sind maßgeblicher Faktor in den wesentlichen Fragen, die alle betreffen: ob Haus oder Wohnung, welches Auto, wohin in den Urlaub, wie viel Risiko bei den Geldanlagen – nur mussten sie bis vor Kurzem das Geld dafür nicht selbst verdienen.

Der Vorwurf, dass Frauen überall mitbestimmen müssten, weil Männer nur an sich selbst denken würden, ist an Absurdität kaum noch zu überbieten. Wenn Menschen sich nicht in andere hineindenken und für sie entscheiden könnten, dann dürften Erwachsene keine Schulen für Kinder planen, junge Architekten keine Seniorenheime bauen, Einheimische keine Gesetze für Migranten erlassen und gesunde Menschen nicht in Krankenhäusern arbeiten. Der Mensch ist ein soziales Wesen und durchaus fähig, für andere mitzudenken – das gilt auch für Männer!

Natürlich kommt es zu Mängeln, wenn jemand mit der Gruppe, für die er plant und entscheidet, keinen Kontakt hat und ihm wesentliche Informationen und Eindrücke fehlen und wenn er zu wenig Empathie empfindet. Dass dies geschieht, ist jedoch gerade bei den Anliegen der Frauen so gut wie unmöglich, denn man kann von ihnen wohl nicht behaupten, sie würden mit ihren Wünschen hinterm Berg halten – Männer können sie alle aufzählen. Ihre wichtigste Aufgabe als Familienvorstände und gesellschaftliche Entscheidungsträger war, das Überleben von Frauen und Kindern sicherzustellen und dieses höher zu schätzen als ihr eigenes Leben. Und aus alter Gewohnheit denken die meisten Männer auch heute noch vor allem darüber nach, wie sie Frauen und Kinder versorgen und glücklich machen können – sie richten ihre persönlichen wie ihre politischen Entscheidungen danach aus.

Da sieht es umgekehrt schon schlechter aus. Man müsste befürchten, dass Frauen in Entscheidungspositionen nicht so viel über Männer wissen und es sie auch weniger interessiert; und wenn sie deren Bedürfnisse kennenlernten, sie diese aus moralischer Überlegenheit nicht akzeptieren und daher auch nicht durchsetzen würden.

Aber es sind die Männer, denen unterstellt wird, dass sie seit Jahrhunderten nur an sich selbst, ihre Geschlechtsgenossen denken würden. Daher sei die Welt auch vor allem auf Männer zugeschnitten: It's a men's world! Es wäre daher höchste Zeit, dass die weiblichen Lebensbedingungen endlich in die Gesetzgebung und das Gemeinwesen Eingang fänden. Die Frauenrechtlerinnen der ersten Stunde hätten zwar den Weg bereitet und Chancen eröffnet, doch es sei noch nicht gelungen, die schädlichen männlichen Werte gänzlich außer Kraft zu setzen. Immer noch würde männliches hierarchisches und egoistisches Denken die Frauen auf ihrem Karriereweg behindern, würden in Politik und Wirtschaft Männer sich zusammenschließen, um weibliche Bewerberinnen auszugrenzen. Wenn endlich die „weiblichen Werte" wie ganzheitliches und kooperationsorientiertes Denken sowie Harmoniestreben und Fürsorge sich durchsetzten, dann wäre es um die Welt bald besser bestellt.

Und vollends rätselhaft ist, warum man die Wirtschaft nun mit Quoten dazu zwingen muss, auf das Potenzial der Frauen nicht zu verzichten – und dies in einem kapitalistischen System, das in allen Bereichen auf Deregulierung pocht und darauf besteht, dass nur das Spiel der freien Kräfte für alle das beste Ergebnis bringen würde. Wenn Frauen für die Wirtschaft tatsächlich unverzichtbar wären, dann hätten sie das schon durch eine Steigerung ihres Marktwertes bemerkt. Nach den Prinzipien des herrschenden Wirtschaftssystems müssten diese weiblichen Übermenschen ja deutlich mehr verdienen als Männer, sie müssten wie Fußballstars um hohe Ablösesummen gehandelt werden. Wenn die Performance von Unternehmen daher wirklich wegen ihres Anteils an weiblichen Vorständen so eklatant besser wäre, würden führungsfähige Frauen bald zur Mangelware werden. Warum sollen also für Frauen Schutz- und Fördermaßnahmen gelten, wenn diese doch überall sonst bekämpft werden und ausschließlich die Nachfrage den Preis für alles bestimmen darf, auch für die Arbeitskraft? Eigentlich wäre zu erwarten, dass die Europäische Union eine Richtlinie GEGEN die Frauenförderung erlässt, weil sie den Wettbewerb verzerrt.

Aber stattdessen wird weiterhin für alle Gehaltssegmente von starker Diskriminierung berichtet. Der sogenannte Gender Pay Gap – also die Ungleichheit zwischen Männer- und Fraueneinkommen – erhitzt die Gemüter: Da ist die Rede von bis zu 30 Prozent geringerem

Lohn für GLEICHE Arbeit, und angeblich wären dabei schon die Faktoren wie Teilzeit und Kindererziehungszeiten berücksichtigt. Da wird angeprangert, dass weniger als zehn Prozent der Toppositionen mit Frauen besetzt sind, dass die sogenannte „Gläserne Decke" den Frauen trotz ihrer guten Ausbildung die Karriere erschwert.

Die Medien greifen diese Informationen als ungeheuerliche Ungerechtigkeit auf und klagen über die schleppenden Fortschritte bei der Beseitigung, denn natürlich besteht ein breiter gesellschaftlicher Konsens darüber, dass jeder Mensch für gleiche Leistung den gleichen Lohn bekommen sollte. Werden Entscheidungsträger mit den Zahlen über die Benachteiligung von Frauen bei Einkommen oder Toppositionen konfrontiert, versichern sie umgehend, dass sie alles daran setzen würden, um den Prozess der Gleichstellung zu beschleunigen.

Die längste Zeit wagte niemand an den Ergebnissen der Untersuchungen zu zweifeln, obwohl kaum erklärt wird, was genau verglichen wurde und wo diese enormen Einkommensunterschiede herkommen sollten. Die Interpretation lag auf der Hand und wurde unaufhaltsam wiederholt: Schuld sind die Männer, sie verhindern aus Eigeninteresse die praktische Umsetzung der Gleichberechtigung der Frauen. Die Redakteure des österreichischen Nachrichtenmagazins „profil" waren dementsprechend mutig, als sie in ihrem Bericht mit dem Titel „Löhne: Die Wahrheit über die Ungleichheit" (April 2012) die Grundlagen der Berechnungen hinterfragten und die

klaffende Lohnlücke als Mythos entlarvten. Erwartungs-
gemäß ernteten sie in Fernsehdiskussionen und Folgebe-
richten wütende Reaktionen von Frauenvertreterinnen,
die ihren Opferstatus bedroht sahen.

Doch erlaubt man sich, selbst nachzudenken und die
Fakten zu hinterfragen, so stellt sich heraus: Hier kann
etwas nicht stimmen. Eine grobe Benachteiligung wäre
schon von Gesetzes wegen nicht mehr möglich. Sind
doch die Kollektivverträge für beide Geschlechter gleich,
ebenso die Einstufungen der Beamten und die Gehalts-
schemata der Großunternehmen. Es kann im geregelten
Bereich keine Unterschiede mehr zwischen dem Gehalt
eines Mannes und einer Frau für die gleiche Arbeit geben.

Und wann kann man korrekterweise von GLEICHER
Arbeit sprechen? Entscheidend ist doch nicht nur, ob ein
Beruf die gleiche Bezeichnung hat, also beispielsweise
„Assistent/in der Geschäftsleitung" oder „Automechani-
ker/in", sondern ob auch weitere Kriterien, Voraussetzungen und Bedingungen der Personen zum Vergleich
herangezogen wurden, die da sind: gleiche Ausbildung,
gleiche Zusatzqualifikationen, gleiche Vordienstzeiten,
gleiche Verfügbarkeit, gleiches Alter, gleiche Branche,
gleiche Firmengröße, gleiche Arbeitszeit und gleicher
Aufgabenbereich.

Doch so differenziert werden die Daten gar nicht erhoben. Das statistische Material wird in großen Gruppierungen zusammengefasst und ausgewertet, wie beispielsweise „Angestellte" oder „Einzelhandel". Es werden

nicht die konkreten Gehälter von Männern und Frauen verglichen, sondern ganze Branchen oder Lebensarbeitszeiten insgesamt. Niemand bestreitet, dass es große Unterschiede bei den Gehältern gibt. Natürlich verdient man in einem regionalen Kleinunternehmen, im öffentlichen Dienst oder in Sozialberufen weniger als in einem internationalen Konzern oder in technischen Berufen. Standort, Firmengröße und Branche haben einen wesentlichen Einfluss auf das Gehaltsniveau – doch das gilt für beide Geschlechter! Kann man bei dieser Untersuchungsmethodik ernsthaft behaupten, es wäre dann die GLEICHE Arbeit?

Hat eigentlich schon jemand untersuchen lassen, wie groß die Gehaltsunterschiede zwischen Männern sind – ob sie überhaupt für gleiche Arbeit den gleichen Lohn bekommen? Es ist zu vermuten, dass auch die Männereinkommen große Differenzen aufweisen, und dass der sogenannte Gender Pay Gap nicht existiert, denn auch ein männlicher Automechaniker verdient in einer ländlichen kleinen Gemeinde nicht genauso viel wie in einem großen Industriebetrieb. Und wenn man die Stundenlöhne von teilzeitbeschäftigten Frauen und Männern vergleichen würde, so käme nach der Methode des groben Vergleichs wahrscheinlich heraus, dass Männer einen wesentlich geringeren Stundenlohn erhalten als Frauen. Verblüffend, aber ebenso wenig aussagekräftig: Es arbeiten eben mehr Frauen in besser bezahlten Teilzeitberufen, beispielsweise als Sachbearbeiterin. Wenn Männer hingegen Teilzeitjobs haben, dann eher im Niedriglohnbereich als Erntehelfer oder im Paketzustelldienst. Man kann bekanntlich mit Statistiken beweisen, was man will – was angeblich auch Winston Churchill zu dem berühmten Ausspruch veranlasst hat: „Ich traue keiner Statistik, die ich nicht selbst gefälscht habe."

Weil die Argumentation über die GLEICHE Arbeit langsam an Zugkraft verliert, wurde die Problematik um den Begriff der GLEICHWERTIGEN Arbeit erweitert. Damit entstand für die Debatte über die Benachteiligung der Frauen ein noch breiterer Spielraum, denn was gleichwertig ist, kann schon gar nicht objektiv festgestellt werden. Wer will beurteilen, ob ein Polizist und eine Krankenschwester eine „gleichwertige" Tätigkeit ausüben?

Unterschiede im Einkommen bestehen sicherlich überall dort, wo Gehälter frei verhandelt werden, wo es erfolgsabhängige Prämien oder Zulagen gibt. Aber bekommen dort etwa Männer freiwillig mehr bezahlt, oder müssen sie sich nicht auf dem freien Markt bestmöglich präsentieren und ihre Leistung gegen starke Konkurrenz verkaufen? Es gibt eben Menschen, die besser verhandeln können als andere – und das sind zurzeit oft (noch) die Männer – und diese Fähigkeit zählt zu den Maximen des Wettbewerbs im Kapitalismus.

Viele Frauen kämpfen gar nicht um ein höheres Gehalt oder eine bessere Einstufung – sie sind schon damit zufrieden, dass sie überhaupt einen Job haben, dass der Arbeitsplatz möglichst nah beim Wohnort ist, dass die

Arbeitsatmosphäre angenehm ist, es Sozialleistungen gibt und vieles mehr. Die Entscheidung für einen Job wird oft nicht von den Wünschen des Einzelnen, sondern von den Möglichkeiten des (angespannten) Arbeitsmarktes bestimmt. Es wählen auch nicht alle Männer nur die Arbeitsstelle, die das meiste Geld verspricht, sondern oft jene, die auch Zeit für das Zusammenleben mit der Familie ermöglicht: Der eine Techniker geht auf Montage ins Ausland, um möglichst viel zu verdienen, der andere nimmt lieber den Job nebenan – der Gehaltsunterschied wird enorm sein.

Die viel beklagte Einkommensdifferenz zwischen den Geschlechtern resultiert nicht aus einer noch immer bestehenden Diskriminierung, sondern daraus, dass Frauen häufiger Jobs im Sozialbereich oder im Einzelhandel wählen, und dass diese in unserer Gesellschaft traditionell schlechter bezahlt sind als jene in den großen Betrieben der Privatwirtschaft, in technischen Branchen oder im Vertrieb. Sie wählen eher Berufe, die ihren Neigungen oder ihrer sozialen Rolle entsprechen, und nicht jene, die ihren Familien die beste wirtschaftliche Basis und sozialen Aufstieg ermöglichen. Bis auf jene, die tatsächlich allein um die Existenz kämpfen müssen, stehen sie nicht unter demselben Versorgungsdruck wie Männer und können selbst entscheiden, wann und wie viel sie arbeiten. Viele Frauen leisten sich den Luxus, sich nicht an Strukturen und Vorgaben der Unternehmen anzupassen, um sich dann über mangelnde Aufstiegschancen zu beklagen. Sie verachten Männer, die um der Karriere willen oder auch bloß, um ihre Arbeit nicht zu verlieren, die Regeln ihrer Organisationen befolgen und sich „verbiegen" lassen.

Ein weiterer Grund für weniger Lebenseinkommen der Frauen liegt im hohen Anteil der Teilzeitarbeit. Die meisten Frauen folgen entgegen der ständigen Aufforderung zur Vollzeitarbeit ihrem Bedürfnis, Kinder nicht nur in die Welt zu setzen, sondern diese auch selbst zu erziehen, mit ihnen Zeit zu verbringen und ihr Aufwachsen zu erleben. Sie nutzen die Chancen der Teilzeitarbeit, um ihre Wünsche nach einem gemütlichen Zuhause, Sozialkontakten und Selbstentwicklung zu erfüllen.

Aber es ist gelungen, die Überzeugung fest in den Köpfen beider Geschlechter zu verankern, dass Vollzeitarbeit und Karriere die einzigen Möglichkeiten wären, die Unabhängigkeit von Frauen zu garantieren. Immer wieder wird behauptet, dass die meisten Frauen ihren Teilzeitjob nicht freiwillig ausüben und diesen sofort gegen eine Vollzeitstelle tauschen würden, wenn diese verfügbar wäre. Bei den Studien über Arbeitszeit und Einkommen sind allerdings oft schon die Fragen tendenziös formuliert sowie die Schlussfolgerungen ideologisch geprägt. So wird zwar erhoben, ob Betreuungspflichten für Kinder oder alte und kranke Verwandte die Frauen an der Vollzeitbeschäftigung hindern und mehr Betreuungseinrichtungen daher notwendig wären. Aber Vollzeitbeschäftigte werden nicht danach gefragt, ob sie, wenn es die finanzielle Situation zuließe, nicht gerne weniger arbeiten würden, um mehr Zeit für die Familie zu haben.

Auch die Tatsache des geringen Frauenanteils in Toppositionen wird automatisch mit der Diskriminierung von Frauen durch Männer erklärt. Kaum hinterfragt jemand, ob die Kandidatinnen wirklich über die erforderlichen Qualifikationen verfügen. Fachliche und soziale Kompetenzen, die Frauen ohne Zweifel in hohem Ausmaß besitzen, sind für einen Aufstieg nicht allein entscheidend. Für die Sphäre über der Gläsernen Decke sind darüber hinaus besondere Persönlichkeitsmerkmale notwendig, wie etwa Hierarchieverständnis, Rollendistanz, Umgang mit struktureller Macht, Konkurrenzbereitschaft, Kampferfahrung, Frustrationstoleranz und rasche Orientierung in ungeschriebenen Regelwerken – und nicht zuletzt: der Verzicht auf ein erfüllendes Familienleben. Unter Männern galten diese Fähigkeiten bisher als selbstverständlich. Sie lassen sich auch nicht dadurch verwirren, dass sie heute mit freundlicheren Begriffen umschrieben werden: Wenn Durchsetzungsstärke gebraucht wird, steht zum Beispiel Teamfähigkeit in der Stellenausschreibung. Frauen hingegen meinen, es wäre ihre Sozialkompetenz gefragt.

In den Karriereseiten der Medien und in einschlägigen Ratgebern liest man immer wieder, dass der Anteil von Frauen an höheren Positionen deswegen so niedrig wäre, weil diese wegen ihrer stärkeren Selbstzweifel sich gar nicht erst bewerben würden. Männer hingegen würden selbstbewusst nach jeder Chance greifen. Daher werden Kampagnen gestartet und Coaches beschäftigt, die Mädchen ermutigen sollen, vermehrt auch Männerberufe zu ergreifen, Karriere zu machen und weniger bescheiden zu sein. Es ist in vielen Bereichen gesetzlich verankert, dass bei gleicher fachlicher Qualifikation der weibliche dem männlichen Bewerber vorzuziehen ist („positive Diskriminierung"). Mithilfe von Quotenregelungen sollen es nun auch mehr Frauen in höhere Positionen schaffen.

Kann es nicht aber so sein, dass Frauen mit ihrer Selbstreflexion durchaus richtig liegen und ihre Zweifel in Bezug auf die geforderten Eigenschaften im Topmanagement und in der Politik zum Teil gerechtfertigt sind? Ein oft gehörter Satz von Frauen bei der Vorbereitung auf einen Karrieresprung lautet: „Das tue ich mir doch nicht an, Geld und Status sind nicht das Wichtigste in meinem Leben. Mir genügt eine interessante Tätigkeit, ein angenehmes Arbeitsklima, Sicherheit und Flexibilität, damit ich auch Zeit mit meiner Familie verbringen oder meine privaten Interessen verfolgen kann." Lebensqualität eben, Selbstbewusstsein, Work-Life-Balance. Hehre Ziele, die auch immer mehr (junge) Männer vertreten. Menschen beiderlei Geschlechts verweigern den Karrierezwang zugunsten von sozialen Werten, müssen sich dafür jedoch jede Menge abwertender Kommentare gefallen lassen. Und stimmt der Eindruck überhaupt, dass Frauen grundsätzlich bereit wären, alle Bedingungen der Gleichberechtigung zu erfüllen? Wie viele Frauen den hohen

Preis dafür auch bezahlen würden, ist nicht Gegenstand von Befragungen.

Ein weiterer Dauerbrenner der Gleichbehandlungspolitik ist die Aufforderung zur Frauensolidarität: Wenn Frauen aufsteigen, dann sollten sie Positionen und Aufträge in erster Linie an ihre Geschlechtsgenossinnen vergeben, weil Männer mit dieser Strategie vermeintlich seit Jahrhunderten erfolgreich wären. Dieser Empfehlung liegt die Vermutung zugrunde, dass Männerbünde auf der Solidarität mit dem eigenen Geschlecht beruhen würden, dass Männer mit ihresgleichen in einer engen Kameradschaft zusammengeschweißt wären. Doch wer hat die unsinnige Annahme aufgebracht, dass Männer, die doch angeblich nur an sich selbst denken und sich testosteronbedingt um jeden Knochen balgen, die rigide hierarchische Systeme und Geheimgesellschaften geschaffen haben, um sich vor unbrauchbaren anderen Männern zu schützen, mit ihren Artgenossen immer schon solidarisch gewesen sein sollten? Hat denn niemand nachgefragt, wie viele Kämpfe, Demütigungen, Ungerechtigkeiten und Willkür Männer im Kampf um den Aufstieg durchstehen müssen? Es ist doch offensichtlich, dass jene Männer, die dieses heimliche Auswahlverfahren nicht bestehen, auf ihrem Karriereweg ebenfalls stecken bleiben. Es wäre doch ein interessantes Dissertationsthema, Männer unterhalb der Gläsernen Decke zu befragen, was und wer sie an ihrem Erfolg behindert hat – vielleicht benötigen diese ja auch eine Quotenregelung.

Männer sind keineswegs männersolidarisch, sondern pragmatisch: Sie fördern jene, die ihnen nützen, und bekämpfen alle, die sich als mühsam oder hinderlich erweisen. Würden sie sich bei der Erreichung ihrer Ziele von Frauen mehr unterstützt fühlen als von Männern, würden sie sehr rasch freiwillig die Frauenquote erfüllen. Meist erleben mächtige Männer karrierewillige Frauen jedoch eher als belehrend und kontrollierend statt entlastend – das ist mühsam. Daher sehen sie diese lieber im Vorzimmer der Macht als in ihrer unmittelbaren Nähe. Anstrengende Frauen haben die meisten Männer schon genügend in ihrem Privatleben, davon können sie nicht noch mehr in ihrem Arbeitsumfeld brauchen. Doch auch hier lautet der gängige Appell der Frauenpolitik: Da müssen sich eben die Männer ändern – die Frauen seien jedenfalls im Recht.

Frauen wird die falsche Annahme suggeriert, dass sie auch ihresgleichen fördern müssten, weil sonst die Sache mit der Gleichberechtigung nicht vorankäme. Damit schleppen Frauen das doppelte Gewicht in ihrem Rucksack auf dem Weg nach oben: Während Männer sich nur um ihren Job und ihre Karriere kümmern müssen, sollen Frauen zugleich auch noch die Forderungen der Frauenpolitik erfüllen! Eine trügerische Hoffnung tröstet viele Frauen über diese Doppelbelastung hinweg: Wenn die Thesen von der sozialen Ader der Frauen richtig sind, würde sich die Lage deutlich bessern, wenn es mehr weibliche Entscheidungsträger geben wird. Aber die Enttäuschung bleibt nicht aus: Werden diese aus Frauensolidarität dann weiblichen Mitarbeitern freiwillig mehr bezahlen wollen, als sie verlangen, und werden sie deutlich mehr Frauen einstellen? Und wieder stellt sich eine Annahme als Illusion heraus: Die Frauen werden es nicht besser machen (können), denn es ist doch so, dass kapitalistische Unternehmen laufend Gewinne erzielen und männliche wie weibliche Personalisten die beste Arbeitskraft zum billigsten Preis einkaufen müssen.

Nachdem beide Geschlechter jahrzehntelang das Credo von der Benachteiligung der Frauen unreflektiert nachgebetet haben, taucht nun die berechtigte Frage auf: Warum sollten so arme und schwache Wesen, wie es unterdrückte Frauen doch sein müssen, eigentlich plötzlich in der Lage sein, Konzerne, Staaten oder Kampfjets zu lenken und sich auf dem harten Pflaster der äußeren Machtsphäre zu bewähren, wenn sie sich bisher nicht gegen die Männer durchgesetzt haben (obwohl behauptet wird, das sei ihr sehnlichster Wunsch gewesen)? Und woher sollten sie das Wissen und die Kraft nehmen, gleich die ganze Gesellschaft zum Besseren zu verändern?

Anstatt ständig auf die besondere soziale Ader der Frauen hinzuweisen, wäre es doch zielführender, ihnen Kampfgeist und strategisches Denken zu vermitteln, damit sie im herrschenden, extrem wettbewerbsorientierten Wirtschaftssystem, in einem *finanzgetriebenen Neoliberalismus* (der oft auch als Marktfundamentalismus bezeichnet wird) bestehen können. Denn stellen wir uns vor, die Frauenförderpläne zeigten Wirkung, dann würde es bald zur Normalität gehören, dass Frauen nicht mehr in Konkurrenz zu Männern treten, sondern auch zu Frauen; dass die Mehrheit der Bewerberinnen um einen Job oder einen Auftrag weiblich ist, und dass die Mitbewerberinnen bestens ausgebildet, leistungsorientiert und gut vernetzt sind. Was dann? Lässt etwa die Stürmerin beim Frauenfußball aus Solidarität ihrer Gegnerin den Vortritt bei der Chance auf ein Tor? Wohl nicht, denn Wettbewerb ist Wettbewerb, und es gibt keine weibliche Art, einen Elfmeter zu schießen – sie müssen genauso ins Tor treffen. Und wenn Frauen Karriere machen wollen, dann müssen sie genauso nach den Regeln des *finanzgetriebenen Neoliberalismus* spielen wie die Männer – oder eine andere Gesellschaftsordnung anstreben.

Vielleicht sind Frauen aber auch nicht im gleichen Ausmaß bereit, ihre Werte dem beruflichen Erfolg zu opfern. Treffen doch Mädchen und junge Frauen trotz Girlsdays und Werbemaßnahmen ihre Berufswahl noch immer vorwiegend nach traditionellen Vorstellungen. Nun sollen sogenannte „Töchtertage" Mädchen davon abhalten, die bei ihnen so beliebten, aber schlechter bezahlten klassisch weiblichen Lehrberufe wie Friseurin oder Bürokauffrau zu wählen. Vielmehr möchte man Mädchen dazu motivieren, die zukunftsträchtigen männlichen Berufe wie Mechaniker oder IT-Techniker in Betracht zu ziehen. Offensichtlich zeigen die Maßnahmen

Wirkung. Doch muss man sich nicht fragen, was das mit Gerechtigkeit zu tun haben soll, wenn eine Frauenpolitikerin im Fernsehen voll Stolz berichtet, dass der Anteil der Mädchen in den Frauenberufen gesunken und in den Männerberufen gestiegen ist? Werden Männer um des Ausgleichs willen nun verpflichtet, in schlecht bezahlten Sozialberufen zu arbeiten? Oder wird es bald keine weiblichen Friseurlehrlinge mehr geben? Wer soll die ehemals typischen Frauenberufe denn noch freiwillig wählen, wenn diese endgültig in Misskredit geraten sind?

Auch stellt sich die Frage: Sind Frauen heute freier? Was hat sich wirklich geändert? Heute haben Frauen zwar die Verfügungsgewalt über ihr selbst verdientes Einkommen und müssen darüber nicht mit dem Partner verhandeln. Dafür sind sie einer scharfen Konkurrenz ausgesetzt: Sie müssen ihre Leistungen sichtbar machen und verkaufen, um überhaupt einen passenden Job zu bekommen, sowie um Aufstiegschancen kämpfen. Sie sind von einem Arbeitsmarkt abhängig, der zurzeit mindestens ebenso unsicher, willkürlich und mitunter grausam ist wie manche Ehemänner. Das ist nicht leicht, zumal die Techniken zur Durchsetzung, die bei einem emotional und rechtlich verbundenen Partner wirksam waren, dem Arbeitgeber reichlich egal sind. Auch die Versorgung der Kinder und Alten war in der Großfamilie selbstverständlicher und leichter zu organisieren. Die wirtschaftliche Situation von Frauen ist durch ihre neuen Rechte nicht automatisch sicherer oder freier und schon gar nicht einfacher geworden. Das bedeutet nicht, dass die alte Abhängigkeit von den Männern wieder anzustreben wäre, sondern dass man sich mit Abhängigkeiten an und für sich auseinandersetzen muss.

Als ein weiteres Hindernis auf dem Weg zu gleichem Einkommen gelten die Spielregeln in Großbetrieben, die von Frauen schwer zu durchschauen und noch schwerer einzuhalten sind. Männern wird unterstellt, hierarchische Strukturen von Unternehmen und Organisationen aus Eigeninteresse derart gestaltet zu haben, dass sie unter sich bleiben können. Gibt es keine rationalen Gründe dafür? Reicht männliche Borniertheit aus, um unbrauchbare Systeme am Leben zu erhalten, oder bestehen vielleicht auch sachliche Gründe dafür? Intelligent geführte Hierarchien galten doch lange Zeit als das Nonplusultra der Organisationslehre. Vielleicht ist ja die Wirkung von Status, Ritualen und Konkurrenzverhalten ein Teil des Geheimnisses für den Erfolg in Großorganisationen; möglicherweise gereicht ja gerade ihre Verweigerung den Frauen zum Nachteil. Und könnten weibliche Vorstellungen von Selbstverwirklichung oder der Möglichkeit, als Führungskräfte gesellschaftliche Veränderungen herbeizuführen, nicht durchaus illusionär sein? Das möchte „frau" nicht hören. Viel lieber wird die Hoffnung genährt, dass mehr Frauen in Machtpositionen ein egalitäres und menschlicheres Verhalten in den Unternehmen (und in der Gesellschaft, ja der ganzen Welt) herbeiführen würden.

Kommen wir zur nächsten Denkfalle über die Ungerechtigkeit zwischen den Geschlechtern. Die Ausgangslage ist bekannt: Frauen erbringen den größten Teil der nicht bezahlten Familienarbeit, sie sind doppelt und dreifach belastet, erhalten wesentlich niedrigere Renten und sind stärker armutsgefährdet. Als einzige akzeptierte Lösung präsentiert die Politik die möglichst durchgängige Vollzeitbeschäftigung, die Wahl von besser bezahlten traditionellen Männerberufen und mehr Biss für die eigene Karriere. Abgesehen davon, dass auch andere Modelle der Absicherung von Menschen, die Familienarbeit leisten, denkbar wären, ist auch diese Betrachtungsweise nur ein Teil der Wahrheit.

Es besteht eine nicht zu unterschätzende laufende Umverteilung des Geldes von Männern zu Frauen über die öffentliche Hand durch Transferzahlungen, Zuschüsse und Unterstützungen. Frauen arbeiten weniger, zahlen weniger in die Sozialversicherung ein, gehen aber früher in Rente und leben länger. Sie erhalten mehr Geld im Verhältnis zu ihrer Erwerbsarbeit als Männer. Zudem ist Familienarbeit durch beitragsfreie Mitversicherung bei Krankenkassen und Rentenversicherung sowie den geregelten Anspruch auf einen erheblichen Teil des Einkommens des erwerbstätigen Partners sowohl in der Ehe als auch bei einer Scheidung rechtlich abgesichert.

Die finanziellen Probleme von Frauen mit Kindern, die entstehen, weil Väter ihrer Verpflichtung zu Unterhaltszahlungen nicht nachkommen oder ihr tatsächliches

Einkommen absichtlich verschleiern, wurden ausführlich untersucht und durch gesetzliche Regelungen teilweise entschärft (wie beispielsweise das Recht auf Unterhaltsvorauszahlung durch den Staat). Der Armutsbericht weist bei jeder Gelegenheit auf die Gefährdung von alleinerziehenden Müttern hin, wodurch diese Thematik im Bewusstsein der Öffentlichkeit stark verankert ist.

Weniger bekannt ist die Tatsache, dass auch Männer durch Scheidung und Unterhaltspflichten oft an den Rand ihrer wirtschaftlichen Existenz geraten und Schwierigkeiten haben, die Basis für eine neue Familiengründung zu schaffen. Geschiedene Väter, die um ihre Rechte kämpfen, geraten schnell in den Generalverdacht, sich aus der Verantwortung stehlen zu wollen. Die geltende Moral lautet, Männer sollen vor allem eines: zahlen. Dahinter steht eine Haltung, dass Männer in jedem Fall schuld sind. Wenn sie fremdgegangen sind, sind sie Betrüger, wenn die Frau eine Affäre hatte, dann nur, weil der Ehemann lieblos war. Oft genug sind nicht Gerechtigkeit und sinnvolle Absicherung die Leitmotive für die Unterhaltsforderungen, sondern Rache und Zerstörungswut. Findige Scheidungsanwälte beiderlei Geschlechts haben die Marktlücke erkannt und unterstützen Frauen dabei, ihre Maximalforderungen durchzusetzen.

Männer müssen nicht nur bei Scheidungen tief in die Tasche greifen – auch am Anfang einer Beziehung besteht die Erwartung, dass der Mann bezahlt. Ein erstes Date, bei dem die Rechnung geteilt wird, hat wenige Chancen auf Erfolg. Ab dem ersten Augenblick läuft der Test, ob der Mann sich großzügig verhält oder ob er ein Kleinkrämer oder Geizkragen ist. Untersuchungen von Partnerbörsen zeigen, dass die überwiegende Anzahl der Frauen es nicht anregend findet, wenn der Mann sie nicht einlädt, wenn sie die Hälfte zahlen müssten oder wenn sie in einem Anfall von Emanzipiertheit selbst den ganzen Betrag übernehmen würden. Im Restaurant bringt Halbe-Halbe kein Happy End. Gewisse Hirnregionen der Frauen haben wohl immer noch den Grundsatz der Urmenschen des Handels mit unterschiedlichen Waren gespeichert: Fleisch für Sex. Männer müssen Jagdbeute liefern, sich als Versorger zeigen – wenn sie Sex haben wollen ebenso, wie wenn sie eine Familie gründen wollen. Das Prinzip „Geld für Sex" wird heute in der Prostitution angeprangert, zieht sich bei näherer Betrachtung jedoch durch alle Bereiche der Geschlechterbeziehung. Die materielle Umverteilung läuft auf vielen Ebenen von den Männern in Richtung Frauen.

Es besteht also bereits ein Ausgleich für die offiziell unbezahlte Familienarbeit und die emotionell-sexuelle Zuwendung der Frauen. Dass dieser nur wenig bekannt ist und in die Diskussion über die Gerechtigkeit nicht einfließt, ist problematisch. Wären alle Fakten auf dem Tisch, könnte man über andere, transparentere Modelle der Absicherung von Familienarbeitern beiderlei Geschlechts nachdenken – vom Elterngeld bis zum bedingungslosen Grundeinkommen. Doch die ernsthafte Thematisierung dieser Probleme wird unterdrückt, die einzige Antwort der Politik ist die volle Erwerbstätigkeit von Frauen und Männern – ohne dass klar wäre, wo die zusätzlichen Jobs dafür herkommen sollten. „Nur-Hausfrauen" oder auch „Hausmänner" und zunehmend auch in Teilzeit arbeitende Eltern bleiben gesellschaftlich geächtet.

Auch WIE die Vereinbarkeit von Beruf und Familie gestaltet werden soll, unterliegt moralisch-ideologischen Vorgaben: Wenn Unterstützung bei der Familienarbeit benötigt wird, dürfe die Lösung des Problems nicht darin bestehen, andere Menschen – überwiegend Frauen – in schlecht bezahlten Hilfsdiensten im Haushalt zu beschäftigen. Es müssten vielmehr die Männer stärker in die Familienarbeit eingebunden werden. Würden endlich mehr Männer in Karenz gehen, Elternteilzeit in Anspruch nehmen und mehr Hausarbeit übernehmen, könnten Frauen beruflich schneller vorankommen. Dass dabei der „Schwarze Peter" nur an das andere Geschlecht weitergespielt wird, verschweigen frauenfreundliche Berichte tunlichst.

Die aktuellen Forderungen der Frauenpolitik sind in einer Gesellschaft, die sich in erster Linie an der Freiheit des Marktes orientiert, nicht für beide Geschlechter gleichermaßen gerecht zu erfüllen. Bleiben die Menge der Ansprüche und die Art der finanziellen Abgeltung gleich, kann man nur weiter darüber streiten, wer die Nachteile ausbaden soll. Gerechtigkeit kann doch aber nicht darin bestehen, die negativen Auswirkungen umzuverteilen, ohne für eine Verbesserung der Lage für alle Beteiligten zu kämpfen.

Gerecht ist doch viel eher, wenn beispielsweise Pflegeberufe mindestens so gut bezahlt werden wie Automechaniker, wenn die Menschen durch Fürsorge und Zuwendung zu Kindern und Alten nicht in die Armut getrieben werden, wenn nicht nur Erwerbsarbeit sozialen Status einbringt. Doch das ist eine andere Geschichte, die viel mehr mit dem herrschenden Gesellschaftssystem zu tun hat als mit der Geschlechterfrage. Erst wenn sich die Gesellschaft als Ganzes ändert, gelten auch andere Regeln – allerdings auch wieder für beide Geschlechter.

Die Forderung nach GLEICHEM Lohn für GLEICHE Arbeit ist als erfüllt zu betrachten: Frauen verdienen nicht deswegen weniger als Männer, weil sie diskriminiert werden, sondern weil sie nicht das GLEICHE arbeiten. Sie arbeiten etwas ANDERES oder sie verhandeln schlechter und missachten die Spielregeln des *finanzgetriebenen Neoliberalismus* – auch Männer, die sich so verhalten, verdienen deutlich weniger als jene, die sich dem System anpassen. Die behauptete himmelschreiende Ungerechtigkeit gegenüber den Frauen wäre damit endgültig als Propaganda entlarvt. Solange allerdings die Frauen und ihre politischen Vertreterinnen mit sich selbst beschäftigt sind und die Männer als ihre Feinde betrachten, können die Machthaber des herrschenden Systems weiter ruhig schlafen.

Mein Bauch gehört mir –
sein Sperma auch

Die Frauen der westlichen Welt haben in den letzten 50 Jahren die volle Selbstbestimmung über die Fortpflanzung erlangt. Sie entscheiden nahezu im Alleingang, ob und wann sie ein Kind gebären wollen, welche Verhütungsmittel sie einsetzen oder ob sie mithilfe künstlicher Befruchtung und moderner Reproduktionstechnik noch in späterem Alter Mutter werden möchten; und in vielen Ländern ist der Schwangerschaftsabbruch straffrei gestellt. Auch die alten Tricks, wie man ohne Einverständnis eines Mannes schwanger werden kann, sind immer noch in Verwendung: auf die Pille vergessen, den Zyklus falsch berechnen oder „Samenraub" begehen. Frauen verfügten in allen Kulturen über meist geheimes Wissen zur Kontrolle der Fruchtbarkeit. Ihre Möglichkeiten reichten vom Einsatz von Kräutern und Sexualpraktiken über Tabus, die Männer von ihnen fernhielten, bis zum Kindsmord.

Um die neuen Freiheiten der Frauen hat die Emanzipationsbewegung hart gekämpft und damit zur allgemeinen Bewusstseinsänderung beigetragen. Mit der Entwicklung der Antibabypille kam es zur Loslösung von den sozialen und biologischen Zwängen der Fortpflanzung, denn erst seit Frauen aller Schichten nicht mehr durch ungewollte Schwangerschaften in ihrer Entfaltung eingeschränkt waren, konnten sie sich aus ihrer traditionellen Rolle als Hausfrau und Mutter heraus entwickeln und neue Lebensentwürfe umsetzen.

Männer zweifeln die Vorherrschaft der Frauen über das ungeborene Kind auch gar nicht an. Jedenfalls stellen sie keine Forderungen nach Gleichberechtigung, obwohl sie allen Grund dazu hätten: Hat das Sperma einmal seinen Besitzer verlassen, verliert dieser weitgehend die Kontrolle über die Konsequenzen. Kommt es zur Befruchtung, kann die Frau allein über das weitere Vorgehen entscheiden. Will sie das Kind, muss der Vater zahlen; will sie es nicht, hat er keine Möglichkeit, seine Wünsche durchzusetzen.

Dieses Recht der Frauen klingt auch logisch, da sie es ja sind, in deren Körper das Kind heranreift und die das gesundheitliche Risiko zu tragen haben. Bedenkt man, wie lange die Frauen zum Kinderbekommen verpflichtet, ja gezwungen waren – und zum Teil noch sind –, wirkt die Parole der Frauenbewegung der 1970er-Jahre „Mein Bauch gehört mir" nur zu verständlich. Das Thema hat eine starke Resonanz ausgelöst, und die Diskussion kommt seither nicht mehr zur Ruhe. Wir haben uns angewöhnt, die Oberhoheit der Frau über den Zeitpunkt eines Kindeswunsches und das ungeborene Leben als ganz selbstverständlich zu akzeptieren. Jeder Eingriff vonseiten der Männer wird als Sakrileg gegen mühsam erkämpfte Freiheiten betrachtet.

Doch passt diese Sichtweise noch in das heutige Verständnis einer aufgeklärten und partnerschaftlichen Gesellschaft? Diese Gedanken sind ja nicht mit dem Wunsch nach einer Rückkehr zu alten Verhältnissen verbunden, sondern fordern bloß eine Öffnung gegenüber den Konsequenzen, die die Veränderungen auch für Männer haben. Üblicherweise werden in einem Rechtsstaat die Schwächeren geschützt. Das sind in vielen Fällen die Frauen. Doch können das auch Männer für sich in Anspruch nehmen, deren biologische Situation auf dem Gebiet der Vaterschaft sie ganz offensichtlich in die Ohnmacht zwingt? Wohl kaum. Ist ein Kind einmal gezeugt, besteht kein Recht des Vaters auf „seinen" Embryo. Wir würden es als nahezu „unsittlich" und rückschrittlich empfinden, wenn Väter beispielsweise ein Mitspracherecht beim Schwangerschaftsabbruch forderten.

Bewusstseinsbildung über die Situation der Väter entsteht erst seit Kurzem durch Gerichtsprozesse: So wehrte sich ein geschiedener Mann dagegen, dass seine Exfrau sich Eizellen einpflanzen lassen möchte, die mit seinem Sperma befruchtet und dann eingefroren wurden. Er und seine Leidensgenossen wären nämlich in diesem Fall für Nachkommen verantwortlich und unterhaltspflichtig, die nach einer Trennung und ohne ihr Einverständnis entstanden sind.

Männer können also nur durch extreme Selbstkontrolle ihre Interessen wahren. In Zeiten, als es kaum Verhütungsmöglichkeiten gab und Jungfräulichkeit bis zur

Ehe geboten war, standen nur wenige Sexualpartnerinnen zur Verfügung. Und wenn bei heimlichen Abenteuern ein Mädchen geschwängert wurde, war Heirat Pflicht – also blieben nur leichtes Gewerbe, Selbstbefriedigung (die als schwere Sünde galt) oder Selbstbeherrschung als Ausweg. Heute müssten Männer eigentlich grundsätzlich jede Ejakulation beim Geschlechtsverkehr vermeiden, denn auch Kondome können platzen, und die Aussagen, die Frauen über ihre Empfängnisverhütung machen, können bewusst oder unbewusst falsch sein. Damit Männer der Willkür nicht wehrlos ausgeliefert sind, müssten sie eigentlich vor dem Akt eine eidesstattliche Erklärung von den Frauen verlangen, wie diese mit dem Sperma zu verfahren gedenken. Also keine Rede von unbekümmertem Sex. Die Vorstellung vom menschlichen Männchen, das einfach nur seinen Samen und seine Gene verstreuen möchte, wäre damit endgültig obsolet geworden.

Da haben es Frauen schon einfacher. Die Nutzung von Samenbanken stellt für jene, die sich Kinder wünschen, ohne dafür einen konkreten Mann suchen zu wollen, kein Problem mehr dar. Männer „spenden" – oder richtiger gesagt: verkaufen – ihr Sperma. Die Frau sucht sich ihr „Wunschkind" in einem Katalog aus: Haarfarbe, Intelligenzquotient, Ausschluss von Erbkrankheiten und so weiter. Die Eigenschaften der Spender sind dort sorgfältig dokumentiert. Wie oft müsste sie einen Mann auf der freien Wildbahn der Liebe treffen, um nur annähernd so viel über ihn zu erfahren?

Trotz ethischer Bedenken arbeitet die Wissenschaft mit Hochdruck an Techniken zur Reproduktion des Menschen, für die Frauen (und Männer) nur noch als Keimzellenspender gebraucht werden (worin übrigens auch der Erfinder der Antibabypille, Carl Djerassi, die Zukunft sieht). Retortenbabys sind schon Realität, und das Klonen von Menschen wird nicht aufzuhalten sein. Diese Entwicklung wurde von Beginn an von feministischen Initiativen rigoros abgelehnt, weil sie den vor 30 Jahren noch überwiegend männlichen Forschern zügellose Macht- und Profitgier sowie das Bedürfnis unterstellten, durch die „Geistgeburt" endlich ihren „Gebärneid" zu bewältigen. Inzwischen sind in der Reproduktionsmedizin verstärkt Ärztinnen und Forscherinnen tätig, und die Nachfrage der Frauen nach technischer Unterstützung bei ihren Kinderwünschen unter jeder Bedingung und in nahezu jedem Alter wächst stetig – unbeeinflusst von feministischer Kritik.

Dadurch gelangt auch die ethische Diskussion um die künstliche Befruchtung in die Öffentlichkeit – was man an Filmen wie „Starbuck", in dem ein Samenspender plötzlich mit 533 Kindern konfrontiert wird, nachvollziehen kann. Früher konnten Männer die anonyme Abgabe ihres Spermas einfach als Nebenverdienst betrachten oder als Kick für die Fantasie nutzen, dass Hunderte an Kindern von ihnen existieren würden. Doch heute stellt sich die Frage etwas komplexer dar: Müssen Männer auch für ihre anonymen Nachkommen die Verantwortung übernehmen? Kann man die „Shopping-Mentalität" beim Kinderbekommen als unethisch bezeichnen? Wie steht man zu Leihmüttern? Warum hat die Vorstellung von Eizellenbanken, bei denen jedermann sich ein Kind aussuchen kann und die Frau damit überflüssig würde, etwas Monströses – nicht aber jene von Samenbanken?

Das Wissen um den tatsächlichen Kindesvater liegt trotz der Erfindung des Gentests noch zum Großteil bei den Frauen. In vielen Ländern muss für die Rechtswirksamkeit eines Vaterschaftstests die Zustimmung der Mutter eingeholt werden. Doch Männer fordern keine Gesetze, die ihre Situation verbessern könnten; es gibt keine Demonstrationen mit Spruchbändern „Mein Sperma gehört mir". Männer mussten ihre Vaterschaft mit allen Konsequenzen immer schon auf unsicheren Grund bauen, denn sie waren auf die Wahrheitsliebe ihrer Partnerinnen angewiesen. „Pater semper incertus est" – der Vater ist immer unsicher –, lautete bis vor Kurzem der entsprechende Rechtsgrundsatz.

Die Frage „Ist das Kind von mir?" beschäftigt Männer mehr oder weniger bewusst ihr ganzes Leben lang. Verstohlen suchen sie bei ihren Kindern nach Merkmalen der Ähnlichkeit, um die Zweifel zu beseitigen: „Hat es die gleichen Ohren, die gleiche Haarfarbe, das gleiche Muttermal wie ich?" Doch die vermeintliche Sicherheit kann jederzeit gestört werden, wenn am Stammtisch rüde Späße die Runde machen, dass der Sohn doch die gleiche

Nase hätte wie der Postbote. Offen mit der Partnerin darüber zu sprechen und einen Gentest zu verlangen, schaffen die meisten Männer nicht – und die meisten Frauen würden es ihnen auch nicht verzeihen.

Seit Vaterschaftstests für jedermann im Internet und im Drogeriemarkt erhältlich und auch leistbar sind, bestätigen sich die schlimmsten Befürchtungen: Etwa jedes fünfte Kind wurde nicht von dem Mann gezeugt, zu dem es Papa sagt. Talkshows nutzen dieses brisante Thema für ihre Einschaltquoten und machen so zumindest die Sorgen der Männer öffentlich: „Bin ich der leibliche Vater dieses Kindes?" Doch dieses Bedürfnis nach Sicherheit hat immer auch etwas Lächerliches: Man erwartet von Männern einfach, dass sie da darüberstehen und dennoch fürsorgliche Väter sind oder zumindest ihren Zahlungsverpflichtungen nachkommen, ohne weitere Fragen zu stellen. Und die meisten Männer tun das auch, denn sie sind es gewohnt, mit dieser Unsicherheit in Bezug auf die Bedeutung ihrer Rolle als „Erzeuger" neuen Lebens zurechtzukommen.

In der Frühzeit der Geschichte waren sie „Nebenfiguren", denn die Zeugungsfunktion war noch nicht bekannt. Man stellte sich vor, Frauen würden sich ein Kind „zaubern". Aber auch nachdem die Rolle des Mannes für die Entstehung eines Kindes erkannt worden war, blieb die Frage der Vaterschaft offen. Männer konnten letztlich nie sicher sein, ob sie wirklich der Vater waren; und mit dem Aufkommen der Samenbanken wurde ihre

Funktion auch wieder anonymisiert und zusätzlich kommerzialisiert: Ein einziges Ejakulat reicht theoretisch aus, um Tausende von Schwangerschaften zu ermöglichen.

Obwohl die Zeugungsfähigkeit für das Selbstwertgefühl des Mannes größte Bedeutung hat, unternehmen Männer nichts gegen diese Benachteiligung. Und wenn doch? Was würden eigentlich die Frauen dazu sagen, wenn bei jeder Geburt verpflichtend ein Vaterschaftstest gemacht werden müsste – einfach als Routine und so selbstverständlich wie die Pockenimpfung? Dann würde eine der letzten Bastionen der alten Frauenmacht fallen. Zum ersten Mal in der Geschichte würde dann diese absolute Trumpfkarte im Machtverhältnis der Geschlechter nicht mehr gelten, und die Manipulation der Männer wäre nicht mehr so einfach.

Doch nicht nur die Zeugungskraft und die Arbeitskraft des Mannes gehören der Frau, sie verfügt auch über die gemeinsamen Kinder. Es ist für Väter nach Scheidungen sehr schwierig, den Kontakt zu ihren Kindern aufrecht zu halten. Die „Neuen Männer“, die im Geburtsvorbereitungskurs mit ihren Frauen gehechelt, im Kreißsaal die Minuten zwischen den Wehen gezählt und ihre Kinder gewickelt und geschaukelt haben, müssen bei einer Scheidung plötzlich erfahren, dass „ein Kind zu seiner Mutter“ gehört. Wenn Mütter den Kontakt der Kinder zum Vater unterbinden wollen, so gelingt ihnen das fast immer. Die Gründe sind vielfältig: Das Kind wäre nach den Besuchen immer so verstört, der Vater würde nur die Oma aufpassen lassen, das Kind verweigere die Kontakte, wäre krank, müsse lernen und vieles mehr. Männer, die in der Ehe ohne Problem mit ihren Kindern allein etwas unternehmen konnten (mussten), weil die Frauen berufstätig waren, sehen sich nach der Scheidung gar nicht selten mit dem Verdacht des sexuellen Missbrauchs konfrontiert, wenn sie allein mit ihren Kindern auf Urlaub fahren wollen, wie Ralf Bönt („Das entehrte Geschlecht") eindrucksvoll in seinen Interviews beschreibt.

Andererseits ist die Zahl der alleinerziehenden Väter noch zu gering, um daraus vergleichbare Schlüsse über das Verhalten geschiedener Mütter zu ziehen. Aber wäre es nicht interessant zu erfahren, wie zuverlässig Frauen ihre Unterhaltszahlungen an die sorgeberechtigten Väter leisten, ob sie ihr Einkommen immer offenlegen und ob es auch Väter gibt, die das Besuchsrecht der Mütter im gleichen Ausmaß beschneiden und anderes mehr? Doch die Förderungen von Studien zu diesem Thema erhalten selten Zustimmung – und Männer unternehmen auch hier wenig, um ihre Interessen und ihr Bedürfnis nach klaren Verhältnissen durchzusetzen.

Die Debatte über Kinder wird vorwiegend von Frauen bestimmt, und die thematisieren nur ihren Teil des Problems. Männliche Emanzipationsversuche gegen den Machtvorsprung der Frauen auf diesem Gebiet werden insbesondere vom politischen rechten Lager geführt, was die Situation noch deutlich erschwert. Vertreter der Väterrechte und neue Männerparteien fahren tatsächlich sehr oft eine frauenfeindliche und aggressive Argumentationslinie mit der Begründung, dass sie sich nur gegen die Übergriffe der Frauen wehren wollten. Logischerweise rufen sie stets besonders harte Kritik von feministischer Seite hervor. Da wird aus allen Rohren der Vorurteilskanonen gefeuert: Männer wollen Frauen einschränken; sie wollen Frauen die sexuelle Freiheit rauben; Frauen müssen ja die Kinder mit ihrem Körper austragen, daher stünden ihnen auch mehr Rechte zu und so weiter. Damit sind die Positionen einzementiert.

Es besteht offensichtlich kein Interesse von Frauen an Gleichstellung und Ausgleich der biologischen Benachteiligung der Männer, ja nicht einmal Verständnis dafür, dass auch diese ihre Rolle vielleicht neu definieren möchten. Die Sachlage wird nicht einmal dahingehend überprüft, ob ihre stärkere Mitsprache nicht auch positive Auswirkungen auf das Geschlechterverhältnis, die Kinder und die Gesellschaft hätte.

Wie die Dinge zurzeit liegen, dienen die so breit unterstützte Verteidigung der Gebärmacht und das alleinige Wissen um die Vaterschaft vor allem dem Erhalt der weiblichen Vormachtstellung in Kindesfragen. Und vielfach wird das auch ausgenutzt: Ist einem Mann erst einmal die Vaterschaft zuerkannt worden, kann „frau" zeit seines Lebens über Schuldzuschreibungen emotional und finanziell auf ihn zugreifen.

Kein Platz für Männer

Sehen Sie sich in Ihrem Bekanntenkreis um oder befragen Sie Ihre Freunde: Wie viele Möbelstücke oder Gegenstände in der gemeinsamen Familienwohnung gehören dem Mann? Nicht weil er sie bezahlt hat, sondern weil er sie allein benützen darf. Von einem eigenen Raum wollen wir gar nicht erst reden, denn die Zeiten des „Herrenzimmers" sind auch in Bürgerhäusern längst vorbei. Heute gehört die Wohnung der Frau. Obwohl jedes Kind Anspruch auf ein eigenes Zimmer hat, kann der Mann oft nicht einmal eine Ecke für sich allein nutzen; da gibt es keinen fixen Platz am Tisch, oft nicht mal einen Fernsehsessel. Weder der Computer noch die Stereoanlage steht ihm allein zur Verfügung, denn Frauen und Kinder haben das gesamte Territorium erobert. Die Frau hat gerne die Küche mit ihm geteilt, dafür jedoch alle seine ursprünglichen Bereiche in Besitz genommen. Um irgendwo ungestört zu sein, legen sich manche Männer ein Hobby zu, das sie in der Werkstatt, dem Keller oder der Garage ausüben können, anderen bleibt nur das Fitnesscenter mit einem persönlichen Spind oder der Stammtisch mit dem eingeritzten Namen.

Nicht nur räumlich sind Männer zu Hause ausgegrenzt, auch optisch und ästhetisch. In Wohnung, Haus und Garten wird von Frauen dekoriert, was die Jahreszeiten, die Möbelhäuser und Versandkataloge hergeben. Gekauft wird, was die Innenarchitektin oder die Feng-Shui-Beraterin empfiehlt. Das Ehebett ist vom Designer, die Farben entsprechen der aktuellen Mode oder der Farbpsychologie. Da müssen alle Steine, Vasen, Kissen und Bilder an ihrem vorbestimmten Platz bleiben – keine Chance für alte Zeitungen, Bücherstapel, getragene Socken oder die Lieblingspfeife. Männer haben ihr Zuhause an Frauen und Kinder abgegeben. Dieses Phänomen ist nahezu unabhängig von der Einkommensschicht: Männer haben in ihren Villen ebenso wenig einen eigenen Platz wie in der Sozialwohnung. Das traute Heim ist Frauensache – und jetzt, wo Frauen auch ihr eigenes Geld verdienen, entscheiden sie noch mehr allein; sie müssen nicht einmal mehr das Einverständnis ihres Partners einholen. Nur Smartphones und Tablet-PCs haben wieder etwas Freiraum geschaffen, da kann „mann" auf dem Heimweg von der Arbeit wenigstens noch rasch auf den Lieblingsseiten surfen.

Das Haus war immer schon die Domäne der Frauen, daran hat sich in emanzipierten Zeiten nichts geändert, im Gegenteil: Der Mann darf den Einkauf heranschleppen, die Wände neu streichen, Bilder aufhängen und Spinnen fangen, doch sein abgewetztes Ledersofa landet auf dem Sperrmüll, wenn eine Frau die Hausmacht übernimmt; und gleich damit die alten Lieblingsjeans, die gesammelten Werke von Lenin oder Perry Rhodan. Nach und nach geben Männer ihre Freunde auf, den Sport und ihre Hobbys und stellen sich in den Dienst der Familie. Sie haben eingesehen, dass eben, wenn sie 50 Stunden pro Woche im Job sind und zu Hause die Hälfte der Arbeit machen sollen, keine Zeit mehr für persönliche Extravaganzen bleibt. Und schließlich wären ja die Frauen die Ärmeren mit ihrer Doppelbelastung – da müsse man jetzt schon mal zurückstecken.

Frauen haben hingegen auf dem Weg zur Gleichberechtigung rasch gelernt, dass sie auch Freiräume für sich selbst brauchen. Sie nehmen sich Zeit für ihre Freundinnen, für den Yogakurs, das Sonnenstudio. Während diese Ansprüche inzwischen selbstverständlich und zum Dauerbrenner jedes Frauenmagazins geworden sind, müssen Männer ihre Bedürfnisse ständig rechtfertigen. Die Arbeitskraft der Männer, ihre Zeit, ihre Gedanken und Gefühle gehören der Frau. „Was denkst du gerade? Warum schaust du so seltsam? Was ist los mit dir? Willst du darüber reden? Warum hörst du mir nicht zu?" Der weibliche Psychoterror ist kreativ. Und es gibt kein Entrinnen mehr – nahezu alle Fluchtwege wurden geschlossen. Entspannung auf dem Fußballplatz? Leider nein! Frauen haben inzwischen begriffen, was eine Abseitsfalle ist, sie reden mit, gehen mit oder sie gehen allein hin. Aus mit Grölen und Grunzen. Selbst Frauenfußball ist den sexistischen Witzen entwachsen, seit Deutschland und Japan Weltmeisterinnen stellen. Herrenclub? Fehlanzeige! Überall sitzen Frauen – und man glaubt es kaum:

Auch fechtende Burschenschafterinnen gibt es bereits (ob sie sich auch einen Schmiss zufügen lassen, entzieht sich der Recherche). Hingegen haben die weiblichen Box-champions mit Sicherheit ihre Scheu vor einer gebrochenen Nase oder einem unschönen Cut bereits abgelegt und erzielen Spitzenquoten bei den Einschaltziffern.

Der weltweite Siegeszug der Frauen ist ungebrochen: Staatspräsidentinnen, Weltraum- und Rennfahrerinnen, Soldatinnen, Kampfjetpilotinnen, Atomphysikerinnen, Dirigentinnen. Auch wenn sie zahlenmäßig noch in der Minderzahl sind, so ist der Trend nicht aufzuhalten. Und wo sind die letzten Bastionen der Männer? Lediglich die großen Weltreligionen sind noch weitgehend frauenfrei. Bis vor Kurzem waren Frauen nur als Gläubige und für Hilfsdienste zugelassen. Nur in der evangelischen Kirche können Frauen Pastorin und Bischöfin werden, und in liberalen jüdischen Gemeinden gibt es bereits Rabbinerinnen. Bei den Hindus und Buddhisten sowie im Islam bleiben die Männer in ihren Ämtern noch unter sich. In der katholischen Kirche hat die Diskussion um die Zulassung von Frauen zum Priesteramt in letzter Zeit an Schärfe zugelegt. Offensichtlich geht es nicht an, dass Männer einen Bereich noch für sich allein beanspruchen (und mit dem Zölibat die Abgrenzung gegenüber den Frauen besonders deutlich machen).

Frauenpolitikerinnen und -initiativen schreiben diese Öffnung der Männerbereiche zu Recht als Erfolg auf ihre Fahnen. Sie haben lange genug im Sinne der Gleichstellung um den Zugang gekämpft. Fast alle Rückzugs- und Herrschaftsgebiete, die von Männern allein besetzt waren, wurden aufgebrochen – ihre eigenen Freiräume haben Frauen jedoch nicht aufgegeben, sie haben vielmehr die „männerfreien Zonen" noch ausgebaut. Einrichtungen „Nur für Frauen" erhalten staatliche Förderungen; die EU hat einen Schwerpunkt dazu ausgerufen. Frauennetzwerke dürfen weiter unter sich bleiben, in der Bahn wurden Frauenabteile geschaffen; es besteht Exklusivität in Bildungseinrichtungen und Kursen, weil Frauen sonst beim Lernen zu gehemmt wären; Frauenreisen, Frauencafés erleben ungebrochene Anerkennung. Selbst im Buchhandel findet man zwar eine Abteilung für „Frauenliteratur", jedoch keinen Bereich für „Männerliteratur".

Das weibliche Geschlecht hat durchaus erkannt, dass es Vorteile bringt, unter sich zu sein, und verteidigt dieses Recht mit Zähnen und lackierten Fingernägeln. Erst der Austausch unter Frauen brächte die notwendige Unterstützung, nur unter ihresgleichen könne „frau" sich öffnen und ihre Themen reflektieren. Kaum würden Männer auf den Plan treten, wäre die Gemeinschaft empfindlich gestört, denn sie denken anders, reden anders und bringen sexuelle Unruhe unter das Frauenvolk. So weit, so gut – aber warum sollte dieses Prinzip denn nur für Frauen gelten? Behaupten nicht Männer genau das, wenn sie unter sich sein wollen? Auch Frauen bringen Unruhe in Männerkreise. Warum sollten nicht auch Männer ihr Recht auf frauenfreie Zonen einfordern? Aber bei ihnen zählt das Argument nicht, sie sollten sich gefälligst neu orientieren und beherrschen lernen.

Doch der Stress ist tatsächlich in gleichgeschlechtlichen Gruppen geringer als in gemischten, obwohl es auch in diesen Konkurrenz, Neid und Kampf gibt – aber es gibt auch viel Unterstützung, Austausch, Spaß und Entspannung, wenn Frauen und Männer jeweils unter ihresgleichen sind. Wirklich groß wird der Druck erst, wenn Vertreter des anderen Geschlechts auftreten; dann ändert sich die Kommunikation schlagartig und das Balzverhalten nimmt überhand. Untersuchungen zeigen, dass ein geschlechtsspezifisches Verhalten von Männern und Frauen besonders in gemischten Teams zu beobachten ist: Männer produzieren sich, sie „schlagen Pfauenräder" oder tragen Schaukämpfe mit Kollegen aus, sie krachen mit dem Geweih gegeneinander, um zu zeigen, wer hier der Platzhirsch ist. Frauen putzen sich noch mehr heraus, um ihre Körperzonen mit sexueller Signalwirkung möglichst vorteilhaft zu präsentieren, sie kichern und gackern, um auf ihre emotionale Erreichbarkeit aufmerksam zu machen.

Peinlich, oder? Das hatten wir doch alles schon überwunden geglaubt. Es will nicht in unsere Vorstellungen von einer rationalen Welt passen, dass unser biologisches Erbe nicht gänzlich zu verleugnen ist und wir nicht ganz leicht in jede beliebige Rolle schlüpfen können.

Früher war es einfacher, getrennte Wege zu gehen. Es gab in allen Kulturen separierte Bereiche für beide Geschlechter, weil beide offensichtlich Rückzugsgebiete brauchen, um ihre Identität zu stärken – und sich vom anderen zu erholen; aber auch, um füreinander erotisch interessant zu bleiben, wie die umstrittene Autorin Camille Paglia („Die Masken der Sexualität") aufzeigt. Man begegnete einander zu festgelegten Zwecken wie Nahrungsaufnahme, Sex und öffentliche Repräsentation. Das Eindringen des anderen in die eigene Domäne war nicht vorgesehen. Heute sollen Männer und Frauen in allen Bereichen gemeinsam auftreten: um Geld zu verdienen, Politik zu machen, zu kochen, Kinder zu erziehen und für das Seelenheil zu sorgen. Vielleicht erklärt das auch einen Zusammenhang von ständig verfügbarer Sexualität und dem erhöhten Bedarf an Potenzmitteln?

Doch keine Partei, keine Männerinitiative oder Facebook-Gruppe würde es wagen, im Sinne der Gleichberechtigung einzufordern, dass es auch Bereiche geben müsste, die ausschließlich Männern vorbehalten sein sollen – oder aber dass die Frauenterritorien gleichermaßen für Männer geöffnet werden müssten. Umgehend wären sie mit dem Verdacht der Unterdrückung und Ausgrenzung von Frauen konfrontiert.

Männer stehen rund um die Uhr im Schaufenster, zur allgemeinen Beobachtung freigegeben, wie Wildtiere in veralteten Zooanlagen, die ohne Rückzugsmöglichkeiten ständig vor Besuchern posieren müssen. Die Tiere werden davon bekanntlich krank und verhaltensgestört, denn Lebewesen, die keinen „Schonraum" haben, die immer unter Beurteilungs- und Leistungsdruck stehen, geraten unter hohen Sozialstress – dies gilt auch für Männer.

Wie sehr der Mensch an seine genetische Grunddisposition gebunden ist, hat die Wissenschaft noch nicht geklärt: Die Renaissance des Biologismus macht uns wenig Hoffnung auf Veränderungsmöglichkeiten, denn alles sei weitgehend durch die Gene festgelegt. Psychologie und Feminismus lassen uns eher an Flexibilität glauben, und dass im Grunde alles möglich wäre.

Wie auch immer: Offensichtlich ist, dass wir weitgehend in der Lage sind, unser Verhalten zu reflektieren und durch Kultivierung an die jeweils vorhandenen Gegebenheiten anzupassen. Sonst säßen wir heute noch auf den Bäumen und eine Entwicklung der Zivilisation hätte nie stattgefunden. Anpassungsleistungen sind möglich, kosten jedoch viel Kraft und Zeit: Man muss sich mehr kontrollieren, Prioritäten richtig setzen, Selbstdisziplin im Verhalten und in der Sprache üben.

Zurzeit scheinen Männer eher bereit zu sein, diese Anstrengung auf sich zu nehmen. Sie folgen den Forderungen der Frauen nach Gleichheit und üben sich in „weiblichen" Verhaltensweisen. Dabei übersehen sie, dass sie selbst ins Hintertreffen geraten und immer weniger Platz in der Gesellschaft einnehmen. Frauen hingegen beharren auf ihren ursprünglichen weiblichen Spielregeln. Diese wenden sie nicht mehr nur auf ihren eigenen Einflussbereich an, sie kontrollieren nun noch zusätzlich die Lebensbereiche der Männer. Sind Frauen vielleicht schlauer und keineswegs das „schwache Geschlecht"?

Nicht nur die meisten Lebensbereiche, auch die Kommunikation selbst ist heute von weiblichen Prinzipien dominiert. Der Frauenforschung ist es zu verdanken, dass unterschiedliche Muster unter dem Sammelbegriff „Männersprache – Frauensprache" bewusst gemacht wurden. Und im Volksmund hält sich hartnäckig das Vorurteil vom schweigsamen Mann und der ständig quasselnden Frau: „Ein Mann ein Wort – eine Frau ein Wörterbuch". Nur wird diese Einschätzung durch Beobachtungen im Alltag keineswegs bestätigt. Was machen Männer in Sitzungen, Konferenzen oder bei Stammtischrunden? Sie reden – und das ausgiebig und langatmig.

Andererseits belegen Untersuchungen, dass Frauen in gemischten Gruppen sich seltener zu Wort melden, dass ihre Argumente nicht gehört werden, dass sie sich zurückziehen. Es gibt also durchaus Situationen, in denen Frauen weniger reden. Allerdings stimmt das Vorurteil – Frau spricht, Mann schweigt – schon eher, wenn es um das Innenleben geht: Auf die Frage der Frau „Schatz, wie war dein Tag?" antworten viele Männer immer noch mit „Geht so, und was gibt es zum Abendessen?" – während auf dieselbe Frage einer Frau an eine Freundin ein ausführliches Gespräch mit vielen Details, Wahrnehmungen und Befindlichkeiten folgt.

Frauen und Männer sprechen also nicht unterschiedlich viel, sondern über andere Dinge. Entsprechend ihrer traditionellen Rollenverteilung richten Frauen ihre Aufmerksamkeit auf das Innenleben und auf soziale Zusammenhänge, während Männer um ihre Position in einer Gruppe ringen und ihren Status zelebrieren.

Dieses unterschiedliche Verhalten war für die ehemals getrennten Welten der Geschlechter auch durchaus zielführend: Frauensprache bezieht sich auf persönliche Beziehungen und Prozesse, Männersprache auf Systeme und Ergebnisse. Mit der neuen Arbeitsteilung ist diese Trennung nicht aufrechtzuerhalten und nicht mehr sinnvoll – sie würde sich vermutlich bei unter 40-jährigen Menschen auch nicht mehr nachweisen lassen. Ansprüche an partnerschaftliche Beziehungen und ein stärkeres Engagement in der Kindererziehung erfordern von Männern eine neue Form der Kommunikation. Das haben viele auch verstanden und bemühen sich redlich darum, ihre Gefühle zu reflektieren und darüber auch zu sprechen. Sie lernen, ihren Körper nicht erst wahrzunehmen, wenn sie bereits mit einem Herzinfarkt im Krankenhaus liegen. Der Satz „Willst du darüber reden?" löst zwar meist keine Begeisterung aus, führt aber in vielen Fällen zu einem brauchbaren Gespräch über die Befindlichkeiten. Unter dem Druck ihrer Partnerinnen haben Männer die Beziehungssprache schon ganz gut gelernt.

Nun sollte man umgekehrt annehmen, dass Frauen im Berufsleben sich um die Ergebnissprache der Männer bemühen. Doch weit gefehlt! Sie dringen zwar immer weiter in die Bereiche der öffentlichen Macht vor, tun dies jedoch mit einer missionarischen Einstellung: Frauensprache muss Weltsprache werden! Die Annahme, dass große Systeme, wie es die Organisationen in Wirtschaft, Politik und Kirchen sind, genauso funktionieren würden wie intime Beziehungen, Familien und Kleinunternehmen, ist nicht aus ihren Köpfen zu bringen. Frauen möchten die Werte und Kommunikationsmuster, die sie in der Beziehungswelt kennen- und schätzen gelernt haben, auch auf die moderne Arbeitswelt übertragen. Sie hoffen, damit einen Beitrag für eine bessere Welt zu leisten, und glauben ernsthaft, dass aufgrund ihres weiblichen Verhaltens die Gesellschaft sozialer und die Wirtschaft menschlicher werden könnte.

Unterstützt werden sie dabei durch die (fehlgeleiteten) Erkenntnisse und Theorien der Psychologie: Unterdrückung der Gefühle mache krank; wichtig sei nicht so sehr die Sachebene einer Kommunikation, sondern vielmehr die Beziehungsebene; nur ein authentisches Verhalten führe zum Erfolg. Berichtet eine Frau im Coaching von einem Konflikt mit ihrem Vorgesetzten, so lautet die Antwort der meisten Berater/innen: Dann sprechen Sie doch mit Ihrem Chef offen darüber, klären Sie die Beziehung mit ihm. Diese Strategie bringt jedoch nur selten den gewünschten Effekt; in den meisten Fällen bekommen Frauen kaum noch einen Termin bei ihrem Vorgesetzten, weil er keine Lust auf und keine Zeit für „Beziehungskisten" hat.

Denken Frauen dann darüber nach, was sie falsch gemacht haben könnten, und ändern ihre Vorgangsweise? Nein, sie beklagen die Unfähigkeit des Chefs, führen seine mangelnde Kommunikationsfähigkeit darauf zurück, dass er ein „Mann ist, der mit starken Frauen ein Problem hat".

Es wird zwar erfolgreichen Frauen gerne vorgeworfen, sie würden sich „männlich" verhalten, doch eine „Maskulinisierung" der Frauen kann noch nicht im gleichen Ausmaß beobachtet werden wie eine „Feminisierung" der Männer. Aufschluss über den Rollenwechsel werden allerdings erst Untersuchungen an der jüngeren Generation geben, denn bei dieser wird bereits von „Alpha-Mädchen" und „Beta-Buben" gesprochen.

Doch derzeit respektieren Frauen noch kaum, dass die Formen der Kommunikation, die Männer für ihre Arbeit in großen Systemen, in den Sphären der öffentlichen Macht entwickelt haben, vielleicht auch sinnvoll sein könnten. Heute heißt es: Hierarchien sind schlecht und schwerfällig, Rang und Status sind lächerlich, Gefühlsregungen hintanzuhalten oder zum Zwecke der Dominanz einzusetzen ist unmenschlich, taktisches Verhalten und trickreiche Verhandlungstechniken sind respektlos. Dass dies alles für intime, partnerschaftliche Beziehungen nicht förderlich ist, zählt inzwischen zum psychologischen Basiswissen und wird in einschlägigen Ratgebern ausführlich dargelegt. Doch wer sagt, dass dieses Repertoire nicht sehr zweckmäßig ist, um in Großorganisationen erfolgreich zu sein? Männersprache müsste auf die Liste der vom Aussterben bedrohten Dialekte gesetzt werden, denn Frauen legen es darauf an, sie als Ausdruck der patriarchalen Unterdrückung aus allen Bereichen zu verdrängen. Ob ein Konzern oder eine Partei allerdings wirklich so zu führen ist wie eine weibliche Selbsterfahrungsgruppe, muss erst noch bewiesen werden.

Die Verdrängung der männlichen Prinzipien und Rituale trifft nicht nur Erwachsene, denn die sogenannte „Feminisierung des Alltags" breitet sich immer weiter aus: So werden Jungen vom Kindergarten bis zur Mittelschule überwiegend von Frauen unterrichtet. Bei Scheidungen sind es vor allem die Väter, die den Kontakt zu den Kindern verlieren. Alles dies wirkt sich negativ auf Jungen aus: Sie lernen schlechter, sind öfter verhaltensgestört, mit Gewalt konfrontiert und begehen häufiger Selbstmord. Männliche Vorbilder für Kinder sind rar; sie werden nur ungenügend durch Idole aus dem Sport oder der Unterhaltungsindustrie ersetzt. Die Notwendigkeit von Mädchenförderung ist allseits anerkannt, die geschlechtsspezifische Arbeit mit Jungen findet hingegen kaum Befürworter/innen, obwohl ihre Benachteiligung im Bildungssystem nachgewiesen ist. Es ist auch noch keine Forderung nach einer Quotenregelung für männliche Kindergärtner oder Grundschullehrer gestellt worden.

Die Geschlechterforschung ist ebenfalls von Frauen dominiert. Männerthemen und Männer als Forscher sind auf diesem Gebiet eindeutig unterbewertet und benachteiligt. Dafür wird als Begründung gerne der Begriff der „positiven Diskriminierung" herangezogen, weil alle anderen Forschungsaktivitäten männlich dominiert sind. Die Ansicht, dass auch ein Gleichziehen im Sinne der Gerechtigkeit umgekehrt zu fordern wäre, weil Männerforschung über deutlich weniger Budget verfügt, wird von Frauenvereinigungen als Bedrohung der erreichten Erfolge erlebt und vehement bekämpft. Männerforschung muss, wenn sie überhaupt zu Geld kommen will, in jedem Fall eine „pro-feministische Sichtweise" übernehmen.

Auch die politischen Ansagen geben Männern keinen Raum: In Plakat-Kampagnen dürfen prominente Männer zwar ein Bekenntnis zur „Ächtung der Gewalt gegen Frauen" ablegen. Doch man fragt sich: Nur gegen Gewalt an Frauen? Muss man jene gegen Männer nicht erwähnen, wo doch bekannt ist, dass diese schon als Kinder und Jugendliche wesentlich häufiger Opfer von Gewalt werden? Oder wenn gefordert wird, dass Unternehmen „frauenfreundlichere" Arbeitsbedingungen schaffen sollen, fragt man sich doch, warum eigentlich nicht „menschenfreundlichere"? Haben die Männer, von denen man doch möchte, dass sie zahlreich in Karenz gehen, nicht dieselben Probleme? Und warum soll es eigentlich nur „Frauenhäuser" zum Schutz vor Gewalt geben und nicht „Opferhäuser", in denen auch Männer Zuflucht finden?

Das Verschwinden der Männer aus vielen Bereichen der Gesellschaft ist allerdings nicht nur durch das Erstarken der Frauen begründet. Die jüngere Geschichte hat einen großen Einfluss auf ihren Imageverlust genommen. Verband man mit männlichen Rollenbildern lange Zeit Eigenschaften wie Selbstbewusstsein, Mut und Zielstrebigkeit, so ist die Haltung moderner westlicher Männer überwiegend von Schuld- und Schamgefühlen geprägt. Sie laborieren noch immer an den Spätfolgen des kollektiven Machtmissbrauchs im Dritten Reich. Die Heimkehrer aus dem Zweiten Weltkrieg waren schwer traumatisiert, sowohl auf der Sieger- als auch auf der Verliererseite. Die Männer Deutschlands und Österreichs mussten zusätzlich noch mit der Schuldzuschreibung leben, Vertreter oder Mitläufer eines Unrechtsregimes gewesen zu sein. Therapeutische Betreuung für Kriegsveteranen – wie sie in den USA nach dem Vietnamkrieg eingeführt wurde – gab es zu dieser Zeit noch nicht. So stürzten die Männer sich schweigend in die Arbeit und schufen das Wirtschaftswunder, während in den Familien der 1950er-Jahre sich die unbewältigten Traumata beider Geschlechter entluden. Gewalt und Missbrauch waren die Begleiter des Wiederaufbaus – wie die Psychotherapieprotokolle der nächsten Generation und die späte Aufdeckung der Übergriffe in Heimen, Klöstern und Schulen zeigen. Der wirtschaftliche Erfolg gab dieser Männergeneration zwar einen Teil ihres Selbstbewusstseins zurück – das Eis war jedoch dünn. Zur Aufrechterhaltung der Fassade brauchten die autoritären und tüchtigen Väter sowie die fürsorglichen und fügsamen Mütter enorm viel Kraft.

Nachvollziehbar war daher der Drang der 1968er-Rebellen und Rebellinnen, die Reste des Nationalsozialismus und den Mief der Rollenklischees der 1950er-Jahre hinwegzufegen. Die sexuelle Revolution erfasste beide Geschlechter: Frauen begannen ihre eigenständigen sexuellen Bedürfnisse unabhängig vom Dienst am Mann und an der Fortpflanzung zu erforschen, und Männer entdeckten ihre Empfindsamkeit jenseits der oberflächlichen genitalen Befriedigung: Make love, not war.

Mit den 1980er-Jahren begann eine „Neue Bürgerlichkeit" Platz zu greifen; die Lust- und Freiheitsbewegung wurde von Leistungs- und Konsumorientierung überlagert. Die Enttabuisierung der Sexualität schritt zwar noch weiter voran, jedoch nicht mehr unter dem Aspekt der Selbsterfahrung, sondern unter dem Diktat der Vermarktbarkeit. Was als sexuelle Revolution begann, endete als Marketingstrategie.

Obwohl ursprünglich beide Geschlechter gleichermaßen ihre Sexualität befreien wollten, stiegen in weiterer Folge die Frauen dabei besser aus: Weibliche Sexualität wäre lustig, leicht und spielerisch – selbst wenn die Romane weiblicher Autoren immer pornografischer werden wie „Feuchtgebiete" (Charlotte Roche) oder die Sadomaso-Fantasien „Shades of Grey" (E. L. James); oder immer exzentrischer wie in „Fünf Männer für mich" (Annette Meisl) oder „Nacktbadestrand" (Elfriede Vavrik), in dem die über 70-jährige Autorin ihren Sex mit wechselnden jungen Liebhabern beschreibt. Das finden alle spannend. Und selbst die Ikone der Frauenbewegung, Alice Schwarzer, sieht darin einen Befreiungsakt, während sie Pornografie für Männer vehement verurteilt.

Männer haben mit ihrer Sexualität nichts mehr zu melden. Sie wird als schmutzig, aggressiv, gefährlich, repressiv und tendenziell pervers dargestellt. Öffentlich akzeptiert, bunt und leichtfüßig hat sie nur in ihrer homosexuellen Variante überlebt. Für heterosexuelle Männer ist kein Platz. Ihre Lust und Freude an nackten Frauenkörpern wird in den Bereich der Pornografie verwiesen und verachtet, während Frauen schon längst das Recht auf einen Toyboy, einen Callboy, einen Walker und eigene (natürlich stylishe) Sexshops für sich in Anspruch nehmen. Und manche darüber nachzudenken beginnen, wie denn ein Bordell für weibliche Bedürfnisse aussehen müsste.

Offensichtlich dürfen alle sich an ihren sexuellen Neigungen erfreuen, nur Männer, die auf Frauen stehen, nicht. Oder kann man sich heute einen männlichen Autor im Range von Henry Miller („Stille Tage in Clichy") oder Giovanni Boccaccio („Decamerone") vorstellen, der seine sexuellen Fantasien in Literatur oder Film von sich gibt, ohne diese zugleich zu problematisieren und zu relativieren – und der dafür auch noch Preise erhält?

Frauen wollen zwar im Zuge der Gleichberechtigung die männlichen Territorien bewirtschaften – jedoch nicht deren Spielregeln übernehmen. Sie bestehen darauf, ihre eigenen, traditionell weiblichen Verhaltensweisen einzubringen, und betreten diese andere Welt nicht mit Respekt, sondern offensichtlich mit der Absicht der Unterwerfung. In der Realität wird rigoros die Anpassung an die weibliche Wertewelt gefordert, weil die Männer für eine partnerschaftliche Gesellschaft nicht geeignet und auch nicht lernfähig wären. Vielleicht wollen ja Frauen Männer einfach ganz verdrängen und die Macht nicht teilen, sondern übernehmen? Dies würde auch den Erfolg des Romans „Die Republik der Frauen" (Gioconda Belli) erklären, in dem die Männer aufgrund ihres Versagens endgültig entmachtet werden.

Die Emanzipationsbestrebungen von Männern dümpeln seit den 1970er-Jahren vor sich hin und erreichen nur selten die öffentliche Wahrnehmung. Doch es gibt sie. Zaghaft beginnen einzelne Vertreter einer neuen Männerbewegung, eine andere Sichtweise einzufordern: Erst suchten sie durch das gemeinsame Zelebrieren archaischer Rituale den „wilden Mann" in sich, dann versuchten sie es mit der Entdeckung ihrer weiblichen Seite und gaben den feministischen Mann oder Frauenversteher. Die neueste Erfindung auf dem Markt des Geschlechterkampfes ist der Männerrechtler, der „Maskulinist", doch selbst das Wort klingt nicht so schön wie „Feministin". Und schreiben Männer Bücher über ihre Situation, so werden sie von herben Frauen in den Talkshows der Wehleidigkeit bezichtigt. Es wird wohl noch eine Zeit dauern, bis sie sich mit ihren Anliegen Gehör verschaffen, und noch länger, bis diese akzeptiert werden, wie die hämischen Reaktionen der weiblichen Rezensenten auf das Buch „Wozu sind Männer eigentlich überhaupt noch gut?" (Roy F. Baumeister) zeigen.

Und weil die „Neuen Männer" mit ihren Strategien nicht erfolgreich waren – weder sexuell noch finanziell –, scheinen sie resigniert zu haben. Sie sind inzwischen offensichtlich auch selbst von ihrer Schuld überzeugt und scheinen bereit zu sein, für alles Übel, das sie angeblich im Laufe der Geschichte angerichtet haben, ihre gerechte Strafe in sozialer und emotionaler Isolationshaft zu verbüßen. Doch dass die Männer sich aus so vielen Bereichen der Gesellschaft bereits zurückgezogen haben, dringt noch gar nicht in das allgemeine Bewusstsein vor. Die Frauen starren wie das Kaninchen vor der Schlange auf die wenigen Männer, die noch an der Spitze ihren Platz behaupten und es angeblich auf ihre Benachteiligung angelegt haben.

Frauen an die Macht

In der Öffentlichkeit wie in privaten Kreisen ist ein jähr-
lich lauter werdendes Wehklagen über die missliche Lage
der Frauen zu hören. Man bekommt den Eindruck, es
gebe mehr Rückschritte als Erfolge: immer noch zu viel
Hausarbeit, weniger Geld für gleiche Arbeit, verschwin-
dend wenige Toppositionen und dazu noch Männer, die
ihren Familienpflichten nicht ausreichend nachkommen.
Die Medien überbieten einander mit Beiträgen über die
mangelnde Gleichstellung, die notwendige Quotenregelung oder die anhaltende Vormachtstellung der Männer.

Die Diskussionen über die Diskriminierung der Frau-
en kulminierten lange Zeit nur zum Weltfrauentag am
8. März; seit einigen Jahren entwickeln sie sich jedoch
zum Dauerbrenner. Kein Anlass ist zu unbedeutend, um
nicht die Keule von der benachteiligten Frau und dem
privilegierten Mann zu schwingen. Damit gräbt sich ein
Klischee immer tiefer in unser kollektives Bewusstsein
ein: Frauen sind sozial und friedlich und kommen nicht
an die Schaltstellen der Macht – Männer sind egoistisch
und aggressiv und für den schlechten Zustand der Welt
verantwortlich.

Viele Menschen – Männer wie Frauen – würden dieser einseitigen Anschuldigung gerne widersprechen oder

sie zumindest hinterfragen, doch kaum jemand wagt es, öffentlich seine Meinung zu äußern. Wer heute erfolgreich sein will, muss die These von der guten Frau und dem bösen Mann bedingungslos vertreten. Political Correctness ist zum Maulkorb verkommen – der Verdammungsfeminismus hat sich offensichtlich doch noch durchgesetzt (obwohl beteuert wird, die neue Frauenbewegung hätte ihre Feindschaften begraben und würde auf die Kooperation mit den Männern setzen).

Trotz der drohenden Angriffe fahren wir hier mit den kritischen Fragen fort: Wie konnte es gelingen, den Mann zum Sündenbock für alle Missstände in der Gesellschaft zu stempeln, während die Frauen als arme Opfer auf ständige Wiedergutmachung pochen dürfen? Woher kommt dieses Ungleichgewicht der Geschlechterklischees, und wohin führt uns die ständige Beschuldigung der Männer?

Fassen wir (wissentlich vereinfacht und bezogen auf Europa) die Phasen der Frauenbewegung auf ihrem Weg an die Macht zusammen: In der sogenannten „traditionellen Rollenverteilung" zwischen den Geschlechtern hatte die Frau die Aufgaben der „Innenwelt" eines Stammes, später der Familie über. Zu ihren Pflichten zählte es, sich selbstlos um das körperliche und seelische Wohlergehen der Männer, der Kinder, der Kranken und alten Verwandten zu kümmern; die sozialen Beziehungen in der Gemeinschaft zu pflegen; (unbezahlt) in Haus und Garten zu arbeiten. Ihr Bewegungsspielraum war auf den Wohnbereich und das nahe Umfeld begrenzt. Frauen waren zuständig für Wärme und Nähe und repräsentierten den Idealtypus der „guten Mutter".

Die Aufgaben der „Außenwelt" hatten die Männer über. In ihrer Verantwortung lag es, für die finanzielle Basis und den sozialen Status der Familie zu sorgen; sie waren zuständig für den Schutz vor inneren und äußeren Bedrohungen wie Naturkatastrophen, Verbrechen und kriegerische Angriffe. Männer hatten den wesentlich größeren Bewegungsspielraum und konnten sich weit vom Haus entfernen – sei es, um Handel zu treiben, neue Kontinente zu entdecken oder Länder zu erobern. Dafür entwickelten sie unter anderem Durchsetzungsstärke und Disziplin – sie repräsentierten den Idealtypus „Krieger oder Händler". Die Arbeitsteilung zwischen den Geschlechtern folgte im Prinzip den biologischen Gegebenheiten: Frauen bekommen die Kinder – Männer haben mehr Muskeln. Die Geschlechter ergänzten einander (komplementäre Arbeitsteilung) und waren existenziell aufeinander angewiesen.

Ein solches komplementäres System erscheint heute vielen Menschen als inakzeptabel und rückständig, denn die Idee von der Gleichstellung der Geschlechter hat sich bereits tief in das Bewusstsein der Allgemeinheit eingeprägt. Doch trotz aller Einwände, die wir aus heutiger Sicht gegen diese traditionelle Arbeitsteilung haben mögen, erlauben wir uns hier die Annahme, dass sowohl die privaten Beziehungen als auch das Gemeinwesen nach diesem Prinzip durchaus funktionieren konnten.

An dieser Stelle sei deutlich angemerkt, dass mit den folgenden Überlegungen keineswegs der Eindruck erweckt werden soll, es hätte irgendwann in der Geschichte eine Idylle geherrscht. Auch bestehen die Botschaften nicht darin, dass die alte Aufteilung der Bereiche wieder angestrebt und die Frauen an den Herd zurückgedrängt werden sollten, oder dass die Biologie für die Arbeitsteilung die „richtige" oder „natürliche" Grundlage wäre. Gesellschaftliche Systeme, in denen die Gewalt ausufert(e), werden hier nicht verharmlost und individuelle Schicksale nicht idealisiert.

Es ist vielmehr das Ziel, deutlich aufzuzeigen, dass die negativen Auswirkungen des komplementären Systems nur für die Frauen gut erforscht und dokumentiert worden sind. Weniger bewusst ist uns jedoch, welchen Preis die Männer zu zahlen hatten (und haben) und welche Gefahren der Gesellschaft aufgrund der aktuellen Geschlechterpolitik drohen.

Doch zurück zur Geschichte: Warum begannen die Frauen vor etwa hundert Jahren, sich gegen die traditionelle, historisch gewachsene Arbeitsteilung aufzulehnen? Es ist nicht anzunehmen, dass sie eine plötzliche Eingebung überkam, nachdem sie die angebliche Unterdrückung durch das Patriarchat über Jahrtausende akzeptiert oder ertragen hatten. Es waren vielmehr die Umstände dieser Zeit, die eine existenzielle Neuordnung der Geschlechterverhältnisse nahelegten. Die Gesellschaft befand sich im Umbruch, neue Ideen und Ideale kamen von verschiedenen Seiten: Die Prinzipien der Französischen Revolution „Freiheit, Gleichheit, Brüderlichkeit" waren weit in die Gesellschaft eingedrungen. (Männliche) Denker der Aufklärung wie etwa der Philosoph Johann Gottlieb Fichte („Das System der Sittenlehre nach den Prinzipien der Wissenschaftslehre") hatten begonnen, die Zuschreibung der Eigenschaften zu den Geschlechtern neu zu definieren: Zeitgleich mit dem Untergang der feudalen Gesellschaft und dem Aufkommen der aufgeklärten bürgerlichen Gesellschaft verlor der Mann seinen Status als Held, als Repräsentant der Tugend, als „Garant der Ordnung" an sich. Seine moralische Abwertung wurde mit dem Beginn der Moderne in Gang gesetzt: Man sah ihn zunehmend als „triebgesteuertes Wesen", das Kontrolle und Erziehung braucht; als Prototyp des absolut Bösen. Die Aufgabe seiner Domestizierung fiel den Frauen zu, die von den Philosophen zeitgleich aus dem „Sumpf" der ungezügelten Sexualität befreit wurden und einen Höhenflug der Ethik antraten: Nur sie wären durch ihre natürliche Sittlichkeit in der Lage, den „wilden Mann" zu zähmen und ihn in der Ehe für die Gesellschaft nutzbar zu machen. Die Frau wurde bereits hundert Jahre vor dem Entstehen der Frauenbewegung zum besseren Geschlecht erhoben, während der Mann zugleich zum Problemfall wurde. Diese Erkenntnisse sind durchaus verblüffend, denn die negative Sicht auf die Männer lange vor der Emanzipationsbewegung wird in der Frauenforschung meist vernachlässigt. Ihre weitere Erforschung war bisher kaum von wissenschaftlichem Interesse und kommt nun erst langsam in Fahrt, wie Christoph Kucklick in seinem Buch „Das unmoralische Geschlecht" beeindruckend aufzeigt.

Eine weitere Neuerung fand im Bereich der Wirtschaft statt: Während in katholisch dominierten Ländern bislang die Armut als christliche Tugend verankert war, entstand ausgehend von Protestantismus und Calvinismus eine Akzeptanz des weltlichen Reichtums und damit eine neue Arbeitsethik, wie der deutsche Soziologe Max Weber („Wirtschaft und Gesellschaft") beschreibt. Damit wurde die Grundlage für das Streben nach Wohlstand für breite Schichten geschaffen.

Mit der explosionsartigen Entwicklung der technischen Neuerungen wurde die wirtschaftliche Produktivität rasant von bäuerlichen und handwerklichen Betrieben zu Manufakturen, Fabriken, Bergwerken, Schienen- und Straßenbau verlagert. Die damit einhergehende zunehmende Industrialisierung beförderte die auf dem Lande nicht mehr überlebensfähigen Arbeitskräfte und ihre Familien in die Städte.

Karl Marx und Friedrich Engels entwickelten völlig neue Sichtweisen auf das ökonomische Ungleichgewicht (Marxismus), die die bestehenden Besitzverhältnisse an den Produktionsmitteln in manchen Ländern radikal verändern sollten: Die Russische Revolution stürzte das Zarenreich und begründete den Arbeiter- und Bauernstaat unter der Herrschaft des Proletariats; auch die Arbeiter westlicher Länder konstituierten sich als eigene Klasse und begannen den Kampf um ihre Rechte und eine soziale Absicherung.

Monarchien wurden nach und nach friedlich oder gewaltsam in Demokratien umgewandelt. Der Erste Weltkrieg riss die arbeitsfähige männliche Bevölkerung aus ihrem Umfeld; viele Millionen starben, und die Heimkehrer waren körperlich und psychisch schwer beschädigt. Die Welt war nicht mehr dieselbe.

Während all dieser Veränderungen verlor der traditionelle Lebensbereich der Frauen in der Innenwelt immer mehr an Bedeutung. Zum einen, weil die komplementäre Arbeitsteilung zwischen den Geschlechtern nur in einem überschaubaren und sozial kontrollierbaren Bereich funktionieren kann. Zum anderen, weil die Frauen bereits viele Aufgaben der Männer übernommen hatten und ihre Wünsche nach mehr Rechten durchaus plausibel waren.

Es formte sich die **erste Welle der Frauenbewegung** mit ihren eindringlichen Forderungen nach dem allgemeinen Wahlrecht für Frauen (das übrigens erst kurz zuvor allen Männern unabhängig von ihrem Einkommen oder Stand gewährt wurde – in Frankreich 1848, im Deutschen Reich 1871). Das Frauenwahlrecht wurde nach Australien und einzelnen Bundesstaaten der USA sukzessive auch von den Regierungen in Europa beschlossen (als erstes in Finnland 1906, Österreich und Deutschland 1918, Frankreich 1945 und Italien 1946, schließlich als letztes in der Schweiz 1971 und Liechtenstein 1984). Ebenso wichtig war den Frauen das Recht auf einen freien Zugang zu den Bildungseinrichtungen, auf Selbstbestimmung, Besitz und Erwerbstätigkeit.

Die Weiterentwicklung der Frauenemanzipation wurde durch den Zweiten Weltkrieg vorübergehend unterbrochen; in den 1950er-Jahren kam es sogar zu einer Renaissance der traditionellen Arbeitsteilung, weil die Frauen den Kriegsheimkehrern Platz machten und sich kurz wieder auf die Rolle der fürsorglichen „Hausfrau und Mutter" zurückzogen. Doch schon Ende der 1960er-Jahre entstand die **zweite Welle der Frauenbewegung**: Zugleich mit der 1968er-Rebellion wurde auch die Frauenfrage wieder aktiviert.

Feministische Forschung brachte immer mehr Ungleichheiten der Lebenssituation von Frauen und Männern ans Licht. Die Protagonistinnen verschärften die Forderungen nach Gleichberechtigung und erkämpften die großen Reformen im Familienrecht: Abschaffung des männlichen Familienoberhauptes (1977 in Österreich), Recht auf die Entscheidung über die eigene Erwerbstätigkeit, Straffreiheit des Schwangerschaftsabbruchs, Absicherung bei Scheidungen, Schutz vor Gewalt und sexueller Belästigung. Die weiter bestehenden strukturellen Ungerechtigkeiten und Vorurteile sollten durch gezielte Frauen- und Mädchenförderung beseitigt werden.

Viele Frauen nutzten die neuen Chancen, sie strebten nach höherer Bildung und nach eigener Berufstätigkeit.

Die wenigsten wollten noch „Nur-Hausfrau" sein und drangen immer weiter in die Außenwelt der Männer vor – erst in die Wirtschaft und bald auch in die Politik. Dadurch ergab sich logischerweise sehr rasch noch eine neue Forderung: Die Männer sollten mehr Aufgaben in der Familie übernehmen wie Kindererziehung und Hausarbeit sowie Verantwortung für ihre Gesundheit und Beziehungen. Moderne Väter und sanfte Männer begannen, ihre alte Rolle als „Macho" zu relativieren und sich auf die Innenwelt einzulassen. Frauen wie Männer hatten angefangen, Erfahrungen mit ihren neuen Bereichen zu sammeln: Damit waren Mitte der 1990er-Jahre im Grunde alle Forderungen nach Chancengleichheit und rechtlicher Gleichstellung erfüllt – die Frauenbewegung hatte so gut wie alle ihre Ziele erreicht.

Doch obwohl bereits Bewegung in das traditionelle Rollenverständnis gekommen und der Gleichheitsgedanke unumkehrbar in der Gesellschaft verankert war, wurden die Klagen über die Benachteiligung sogar noch verstärkt weitergeführt. Weitgehend unbemerkt – und nicht zufällig zeitgleich mit der Etablierung des *finanzgetriebenen Neoliberalismus* – bildete sich eine neue, **dritte Welle der Frauenbewegung**. Diese gewinnt seither ständig an Macht hinzu, entfernt sich jedoch von den Zielen ihrer Vorläuferinnen, die den Frauen größere CHANCEN eröffnen wollten, und fordert nun die exakte GLEICHVERTEILUNG aller Ressourcen und Aufgaben zwischen den Geschlechtern.

Der „Allmachts-Feminismus"

Die neue Ideologie der quantitativen Gleichverteilung findet ihre Verbreitung unter dem Sammelbegriff „Geschlechtergerechtigkeit". Tatsächlich handelt es sich dabei aber um eine Mischung aus unterschiedlichen und in sich widersprüchlichen Strömungen. Für unsere weiteren Überlegungen wollen wir diese **dritte Welle der Frauenbewegung** mit einem eigens dafür geschaffenen Kunstwort als *„Allmachts-Feminismus"* bezeichnen und seine Botschaften und Forderungen genauer unter die Lupe nehmen.

Man findet im *Allmachts-Feminismus* folgende Elemente: Zunächst den **„Gleichheitsfeminismus"** (Egalitätsfeminismus), der davon ausgeht, dass Männer und Frauen grundsätzlich gleich sind und daher genau die gleichen Aufgaben übernehmen können und sollen. „Weibliche" oder „männliche" Verhaltensweisen würden nur aufgrund der herrschenden Rollenvorstellungen durch die Erziehung (Sozialisation) entstehen. Man bezeichnet sie als „soziales Geschlecht" (Gender). Das biologische Geschlecht (Sex) hingegen hätte nicht zwingend Einfluss auf das Verhalten. Es gäbe also keine „natürlichen", von der Biologie vorbestimmten Eigenschaften, sondern nur von der jeweiligen Gesellschaft vorgegebene. Von der französischen Philosophin Simone de Beauvoir („Das andere Geschlecht") stammt das weit verbreitete Zitat dazu: „Man wird nicht als Frau geboren, man wird dazu erzogen". Und die wohl bekannteste Feministin, Alice Schwarzer („Der große Unterschied. Gegen die Spaltung von Menschen in Männer und Frauen"), bringt es auf den Punkt: „Mein Traum ist der vollständige Mensch, bei dem das biologische Geschlecht eines Tages keine Rolle mehr spielt".

In diese Kategorie der Gleichheit der Geschlechter fällt auch der **„marxistische Feminismus"**. Dieser stärkt zusätzlich noch die Theorie von der Unterdrückung der Frauen durch das Patriarchat. Mehr zu seiner Entstehung findet man unter anderem bei der Publizistin und Mitbegründerin der KPD, Rosa Luxemburg, und zur heutigen Sichtweise etwa bei der deutschen Soziologin Frigga Haug („Erziehung zur Weiblichkeit"). Dem marxistischen Feminismus ist es gelungen, dass in den linken Parteien die Überwindung des Patriarchats genauso wichtig genommen wird wie die Überwindung des Kapitalismus (bei Marx der sogenannte „Hauptwiderspruch" zwischen Bourgeoisie und Proletariat). Die Frauenfrage (bei Marx ursprünglich nur ein „Neben-Widerspruch") wurde damit deutlich aufgewertet – und zugleich wurden auch die Begrifflichkeiten des Klassenkampfs für den Geschlechterkampf übernommen. Diese Terminologie findet sich in den meisten politischen Strömungen links der Mitte sowie bei den Grünen, die als Voraussetzung für den Umbau der gesamten Gesellschaft eine grundlegende Veränderung der Geschlechterrollen sehen. Sie fordern gleiche Lebensbereiche in Beruf und Familie für Frauen und Männer.

Der *Allmachts-Feminismus* speist sich aber auch aus den völlig konträren Thesen des „**Differenz- oder Kulturfeminismus**", der besagt, dass Frauen und Männer grundsätzlich verschieden sind. Den Frauen werden überwiegend soziale und pazifistische Eigenschaften zugeordnet; sie würden die Natur und das Leben an sich repräsentieren und wären daher etwas Besonderes – nur sie könnten die Welt verbessern. Den Männern hingegen werden grundsätzlich Aggression und Zerstörung sowie Technikorientiertheit zugeschrieben. Damit einher ginge die Notwendigkeit, dass sie von Frauen kontrolliert werden müssten. Eine der Hauptvertreterinnen, die Frauenforscherin Claudia von Werlhof („Die Verkehrung") meint gar, das Patriarchat strebe „eine mutter- und naturlose Welt" an, was Frauen verhindern müssten.

Etwas im Hintergrund, aber doch nicht unbedeutend, werden die Thesen von der Frau als besseres Geschlecht von **esoterischen oder spirituellen feministischen Strömungen** gestützt. Sie beziehen sich auf die große Urmutter als Quelle allen Lebens, wie beispielsweise die US-amerikanische Friedensaktivistin Starhawk („Mit Hexenkraft die Welt verändern"), in Deutschland die Künstlerin Luisa Francia („Hexenbesen Zauberkraut") oder die Anhängerinnen einer neuen Matriarchatsphilosophie wie die deutsche Matriarchatsforscherin Heide Göttner-Abendroth („Die tanzende Göttin").

Die Unterschiedlichkeit der Geschlechter wird besonders von konservativen Kreisen betont, die zwar die rechtliche Gleichstellung befürworten, darüber hinaus jedoch die besondere Stellung der Frau vor allem in der Mutterrolle sowie den Mann in seiner Funktion als Ernährer beibehalten wollen. Dafür sei die traditionelle Familie die geeignetste Form, andere Lebensmodelle werden nur als Ausnahmen toleriert.

Als wäre die Situation nicht schon verwirrend genug, bezieht der *Allmachts-Feminismus* seine Argumente auch noch aus dem **„Gender Mainstreaming"**. Dieser etwas sperrige Begriff unterscheidet sich vom Feminismus dadurch, dass nun beide Geschlechter gleichermaßen einbezogen werden sollten: Gender Mainstreaming umfasst alle Bestrebungen, die die Gleichstellung der Geschlechter auf allen gesellschaftlichen Ebenen zum Ziel haben, wie Gesundheit, Mobilität, Berufswahl, Stadtplanung und ähnliche. Ausgehend von den Weltfrauenkonferenzen wurde das Konzept öffentlich bekannt, als die Europäische Union mit dem Amsterdamer Vertrag 1997/1999 es zum offiziellen Ziel ihrer Gleichstellungspolitik machte.

Da bei Gender Mainstreaming alle politischen Maßnahmen nicht nur hinsichtlich ihrer Auswirkungen auf Frauen, sondern ebenso auf Männer geprüft werden sollen, wurde das Konzept von feministischen Ideologinnen zuerst heftig bekämpft: Es würde die Männer wieder in ihrer Vorherrschaft stärken und die Frauenfragen in den Hintergrund drängen; Frauenpolitik müsse unabhängig von allen anderen Themen wie Familien, Generationen oder eben Männern betrieben werden; eine Verwässerung müsse verhindert werden.

Die Abwehr der Gender-Mainstreaming-Ideologie und seiner Aktionspläne ist den feministischen Gruppierungen jedoch nicht gelungen. Sie wurde rasch zur EU-weit verbindlichen Richtlinie erhoben; entsprechende Aktivitäten finden laufend nicht nur im politiknahen Bereich, sondern auch in der Wirtschaft statt.

Als Antwort auf diese Bedrohung wurden die entsprechenden Institutionen sukzessive vom *Allmachts-Feminismus* „unterwandert": Die flächendeckend installierten Gleichbehandlungsbeauftragten kümmern sich nun keineswegs gleichermaßen um beide Geschlechter, sondern vor allem um Frauenangelegenheiten. Beschwerden von Männern müssen zwar entgegengenommen werden, finden jedoch keine öffentliche Resonanz. Auch die Bemühungen der Interessenvertretungen sind einseitig auf Frauen ausgerichtet: So müssen beispielsweise seit 2010 die börsennotierten Unternehmen laut Aktiengesetz nachweisen, „welche Maßnahmen zur Förderung von Frauen in Aufsichtsrat, Vorstand und in leitenden Stellungen gesetzt werden" (§ 80 AktG), und auch die Gewerkschaften punkten mit Frauenthemen. An den Universitäten sind Lehrstühle für Gender-Forschung fast ausschließlich mit feministischen Professorinnen besetzt; und die Gender Studies bevorzugen nach wie vor Frauenthemen.

Insofern geht es beim Gender Mainstreaming trotz seiner eindeutig definierten Ziele nur am Rande um Männer – und wenn doch, dann werden ihre Probleme aus feministischer Sicht interpretiert (inzwischen übrigens auch von den meisten männlichen Forschern und Journalisten). So hat zum Beispiel sinnvollerweise die Forschung in der Medizin herausgefunden, dass Medikamente bei Frauen anders wirken als bei Männern. Allerdings wurde in einem Gesundheitsbericht bemängelt, dass Frauen wesentlich mehr Psychopharmaka verschrieben bekommen als Männer – und dies wurde als Benachteiligung der Frauen interpretiert. Doch diese Fakten könnten genauso gut als Männerdiskriminierung gedeutet werden: Auch wenn man den Autorinnen eine kritische Haltung gegenüber Psychopharmaka attestieren kann, so würde doch die wissenschaftliche Redlichkeit zumindest einen Hinweis darauf erfordern, dass Männer eine wesentlich höhere Selbstmordrate aufweisen, und dass diese möglicherweise mit einem stärkeren Einsatz von Medikamenten gesenkt werden könnte.

Keine Rede also von Geschlechtergerechtigkeit. Der *Allmachts-Feminismus* hat das Gender Mainstreaming fest im Griff: Das kleine Pflänzchen der Männerforschung, die wenigen eigenständigen Publikationen oder die Bestrebungen neuer Männerinitiativen, die sich positiv kritisch mit ihren Benachteiligungen auseinandersetzen und entsprechende Forderungen erheben, geraten jeweils umgehend in das Kreuzfeuer seiner Kritik.

Die neue (paradoxe) Mischung aus Gleichheits- und Differenzfeminismus sowie Gender Mainstreaming, die wir hier *Allmachts-Feminismus* nennen, hat bis jetzt offiziell keinen eigenen Namen erhalten – wahllos wird abwechselnd allgemein von Feminismus oder Gender Mainstreaming gesprochen – und keiner weiß noch, was eigentlich ausgesagt werden soll. Dennoch dominiert diese Ideologie den Diskurs zu Geschlechterfragen. Sie hat sich zu einer mächtigen fundamentalistischen Doktrin entwickelt, die jegliches Weiterdenken, offene Debatten und Gegenpositionen verhindert sowie das Tempo der Umsetzung vorgibt. Dazu bedient sie sich dreier Hauptthemen, die wahlweise nach Bedarf eingesetzt werden:

Erstens, Halbe-Halbe ist Pflicht: Die „Hälfte" von allem wurde zur neuen Norm erhoben. Der Slogan „Halbe-Halbe" entstammt einer österreichischen Kampagne der SPÖ-Frauenministerin Helga Konrad im Jahr 1996: „Ganze Männer machen halbe-halbe". Diese hat eine breite öffentliche Diskussion über die zu geringe Beteiligung der Männer an der Familienarbeit ausgelöst. Seither hat sich der Begriff in der Alltagssprache als allgemein verständliche Metapher für eine statistisch gleiche Aufteilung aller Güter, Pflichten und Aufgaben zwischen den Geschlechtern – sowohl im Beruf als auch in der Familie – durchgesetzt. Kurz gesagt, soll umverteilt werden:

mehr Frauen in die Erwerbstätigkeit – Männer öfter an den Herd.

Dies ist besonders bemerkenswert, da Männer und Frauen ja bereits in allen Belangen rechtlich gleichberechtigt sind und daher die Wahl hätten, wie sie ihr Leben gestalten wollen. Doch im *Allmachts-Feminismus* geht es nicht mehr darum, dass sie ihre Chancen in beiden Welten wahrnehmen DÜRFEN, sondern dass beide Geschlechter alles im gleichen Ausmaß machen MÜSSEN. Die Frage lautet auch nicht mehr, ob Frauen alles erreichen KÖNNEN, sondern ob sie von allen Aufgaben, Positionen und Gütern genau die Hälfte bekommen HABEN.

Nun sind es nicht mehr Gesetze, die zur Beurteilung der Gerechtigkeit herangezogen werden, sondern nur noch Ergebnisse in Form von Statistiken. Begründet wird das damit, dass die rechtliche Gleichstellung eben in keiner Weise ausreichen würde, die Benachteiligung der Frauen zu beseitigen, weil sie in der Praxis keinen Zugang zu den männlich geprägten Strukturen in Wirtschaft und Politik bekämen. Daher wurde in unglaublich kurzer Zeit ein neues Bewertungssystem etabliert: Geschlechtergerechtigkeit bedeutet darin nicht mehr ergänzende, qualitative Arbeits- und Pflichtenteilung erweitert um die Wahlfreiheit für beide Geschlechter, sondern gleichartige, quantitative Aufteilung aller Lebensbereiche mit einem dementsprechenden Umbau der Gesellschaft.

Um den Erfolg nachzuweisen und den Druck aufrechtzuerhalten, wird alles aufgerechnet – Frauen gegen

Männer: Wie viele Stunden unbezahlter Arbeit, wie viel weniger Einkommen, Aufsichtsrätinnen, Vorständinnen, Dekaninnen, Regierungschefinnen, Technikerinnen – und wenn es nicht gleich viele sind, erhebt sich ein Rauschen im Blätterwald der Medien, und der Ruf nach Aufklärung und Abhilfe wird laut; dann werden neue Studien beauftragt, Kommissionen bestellt und Quotenregelungen erlassen, um endlich den Gleichstand im Wettkampf um die Zahlen zu erreichen. Auch Forschungsfragen und -ergebnisse werden danach ausgewählt, ob sie die Annahmen von der benachteiligten Frau und dem privilegierten Mann bestätigen. Im öffentlichen Sektor müssen Frauen im Sinne einer „positiven Diskriminierung" so lange bevorzugt werden, bis ihre Unterdrückung durch das Patriarchat gesühnt und Gleichstand mit den Männern hergestellt ist.

Männer werden dazu aufgerufen, ihren Teil von Halbe-Halbe in der Familienarbeit endlich zu übernehmen und die Frauen zu entlasten, damit sie einer Erwerbstätigkeit nachgehen können. Dazu denkt man über verpflichtende Papa-Monate nach und hat den Bezug eines Teiles des Karenzgeldes daran geknüpft, dass der Vater auch eine Zeit lang beim Kind bleibt. Der Verteilungszwang geht so weit, dass sogar bei einem objektiven Aufnahmeverfahren für einen Studienplatz an der Medizinischen Universität in Wien die Leistungen von Frauen besser bewertet wurden als jene der Männer – und dies nur aus dem Grund, weil diese in den letzten zwei Jahren schlechter abgeschnitten hatten und man daher keine ausgeglichene Quote ausweisen konnte. Der Staatsfeminismus fungiert als Handlanger des *Allmachts-Feminismus* und überwacht die Umsetzung seiner Forderungen.

Nachdem weder die Anzahl der Frauen in Führungspositionen noch die Zahl der Väter in Karenz auch nur annähernd 50 Prozent ausmachen, müssen die Anstrengungen und der Zwang verstärkt werden. Im *Allmachts-Feminismus* verkommt Gleichberechtigung zu einer Rechenaufgabe. Denn obwohl die Chancengleichheit längst erreicht ist, bleibt durch den „Kunstgriff" der quantitativen Gleichverteilung die Berechtigung der Frauenfrage weiterhin erhalten. Sie konnte sogar noch gesteigert werden: Frauenforderungen und Frauenförderungen sind ein einträgliches Geschäft geworden – für die Medien, die Wissenschaft, die Wirtschaft und die Politik. Sinnvollerweise nehmen hier besonders viele Frauen ihre Chancen auf Profilierung und Karriere wahr. Aber gerade deshalb ist es äußerst schwierig, mit ihnen über andere Theorien zu diskutieren.

Zweitens, die Männer sind schuld: Es wäre allein die Schuld der Männer, dass Frauen für die gleiche Arbeit auch heute noch viel weniger bezahlt bekämen und nicht die Hälfte der Spitzenpositionen besetzen könnten. Zur Durchsetzung der Gleichstellung arbeitet der *Allmachts-Feminismus* mit Schuldgefühlen und mit der Mitleidstour. Inzwischen gilt auch in der Öffentlichkeit, in den Medien und in politischen Diskursen als Wahrheit, was viele feministisch orientierte Publikationen schon lange propagierten: Männer sind bevorzugt, Frauen sind benachteiligt. Wirtschaftskrise? Sie wäre nicht gekommen, wären mehr Frauen in entscheidenden Positionen gewesen. Teilzeitarbeit? Die Frauen würden lieber ganztags arbeiten, aber die männerdominierten Regierungen beschließen zu geringe Budgets für die Kinderbetreuung. Sinkende Geburtenraten? Die Arbeitswelt wurde von Männern nicht frauenfreundlich gestaltet. Ein nackter Busen in der Werbung? Die Frau wird als Sexobjekt missbraucht. Gewalt und Krieg? Die Männer sind von Natur aus aggressiv.

Die Kernaussage lautet: Männer sind Täter, Frauen sind Opfer – und das sei schon immer so gewesen. Männer als gesamte Spezies sowie ihre Handlungen in der Vergangenheit und in der Gegenwart werden als frauenfeindlich entlarvt und verurteilt: die Männerherrschaft im Status eines Unrechtsregimes. Was immer auch in der Welt schiefläuft – die Männer sind schuld. Männerverachtung macht stark; ein Außenfeind schweißt zusammen. Es war nicht schwer, diese Sichtweise zu etablieren, denn jede/r kennt genügend Beispiele als Beweis dafür.

Drittens, Frauen müssen die Welt retten: „Mit ihren positiven weiblichen Werten und Eigenschaften können die Frauen eine bessere Welt schaffen", lautet der Appell des *Allmachts-Feminismus* an die Frauen (und zugleich die Drohung an die Männer). Nun sollen sie als das moralische Geschlecht nicht nur ihre Ehemänner zu besseren

Menschen machen, sondern gleich die ganze Gesellschaft aus der Krise führen. Diese Einstellung muss auch die Repräsentanten des Wirtschaftsgipfels 2011 in Davos bewogen haben, einem ihrer Abschlusspapiere den Titel zu geben: „Sechs globale Herausforderungen, eine Lösung: Frauen!" Man erhofft sich in allen Bereichen bessere Ergebnisse – von der Finanzwirtschaft bis zur Arbeitslosigkeit; die Erlösung von der Krise oder vom Pflegenotstand. Diese Monsteraufgabe zu schaffen, traut man Frauen aufgrund ihrer „natürlichen" Veranlagung zum Frieden und zur Fürsorge für das Ganze auch tatsächlich zu. Man ermutigt sie, sich ausgesprochen weiblich zu verhalten; es gilt als Verfehlung, ja geradezu als Verrat an den Geschlechtsgenossinnen, wenn Frauen wie Männer agieren, sich mit Businessanzug und Businessbluse, mit Klasseauto und Designerbüro den entsprechenden Status aneignen. Sie sollen vielmehr ihre weichen Seiten einsetzen und würden mit „charmantem" Verhalten viel mehr erreichen.

Weiblichkeit wird als Wundermittel für fast alles verschrieben – sei es in der Politik oder der Wirtschaft: Frauen sollen den Karren aus dem Dreck ziehen. Das bedeutet aber auch, dass weiblichen Geschlechts zu sein, mittlerweile eine hervorragende Karrieregarantie ist, denn in allen Bereichen werden Frauen gefördert und aus Angst vor der drohenden Quote in höhere Positionen berufen. Dort sollen sie dann ihre positive Wirkung entfalten.

Die Folge: Orientierungslosigkeit. Die rechtliche und wirtschaftliche Unabhängigkeit der Frauen sowie der breite Zugang zur Geburtenkontrolle zählen (nach der Industrialisierung und der Demokratisierung) zu den bedeutendsten Auslösern für die Änderung der Machtverhältnisse zwischen Männern und Frauen. Durch die Erfolge der Frauenbewegung wurden die alten Rollenmuster für beide Geschlechter aufgebrochen und die Zugänge zu den jeweils anderen Lebensbereichen ermöglicht. Den Frauen der westlichen Welt stehen alle Möglichkeiten offen, die Männer setzen sich zunehmend mehr mit Kindern und Familienarbeit auseinander. Der Gleichstellungsgedanke hat sich durchgesetzt. Kaum eine Partei kann es sich noch leisten, die Frauen an den Herd zurück zu wünschen. Damit wäre alles erreicht worden, um das Geschlechterverhältnis an die Gegebenheiten der modernen Demokratien anzupassen.

Dann allerdings hat sich der *Allmachts-Feminismus* von dem ursprünglich verständlichen Ziel der Chancengleichheit entfernt und die Gesellschaft weit in Richtung neuer – für viele nicht mehr nachvollziehbarer – Zwänge zur Gleichverteilung katapultiert. Ging es am Beginn der Emanzipation UM etwas, wie um das Wahlrecht – womit ja niemandem etwas weggenommen werden musste –, so richtet sich der Kampf des *Allmachts-Feminismus* mit der Forderung nach Gleichverteilung nun GEGEN die Männer, weil die Vollzeitjobs ja nicht mehr geworden sind, sondern weniger. Durch die Verherrlichung der

Erwerbsarbeit kommen immer mehr weibliche Arbeitskräfte auf den Markt, wodurch das Angebot an Arbeitskräften gesichert wird und das Lohnniveau niedrig bleibt.

Die Kernaussagen des *Allmachts-Feminismus* sind verwirrend und haben einige unauflösbare Widersprüche erzeugt: Einerseits sollen Frauen sich als schwach und förderbedürftig begreifen und andererseits als übermächtig. Gelingt einer Frau die Karriere, weil sie die geltenden Spielregeln erkannt und anzuwenden gelernt hat, wird ihr (vor allem von anderen Frauen) vorgeworfen, sich wie ein Mann zu verhalten und daher eine Verräterin zu sein. Setzt sie auf klassisch weibliches Verhalten – entweder fürsorglich oder erotisch –, dann kritisiert man sie als Hausmütterchen oder als Venusfalle. Eine Frau, die wegen der Kinder auf Karriere verzichtet, wird ebenfalls als Verräterin bezeichnet, wie kürzlich zu lesen war, als Anne-Marie Slaughter, die Planungsstabschefin von Hillary Clinton, ihren Job aufgab, um die letzten gemeinsamen Jahre mit ihren pubertierenden Söhnen nicht zu verpassen. Ihre Begründung war ein Schlag ins Gesicht des *Allmachts-Feminismus*. Sie meinte, dass Frauen nicht „alles haben könnten", dass Spitzenämter mit einem intensiven Familienleben nicht vereinbar seien, und dass es an der Zeit wäre, darüber zu reden, welchen Preis Frauen für ihre Karrieren bezahlen müssen. Und in einem Nebensatz stellte sie die ketzerische Frage, ob denn Männer jemals „alles" gehabt hätten.

Einerseits sollen Frauen genau wie Männer sein und in allem mit ihnen konkurrieren können, damit Halbe-Halbe überhaupt möglich wird. Sogar im Sport wird es als Sensation gefeiert, wenn beispielsweise bei den Olympischen Sommerspielen eine Schwimmerin nicht nur ihre Geschlechtsgenossinnen besiegt, sondern fast die Rekordzeit des besten männlichen Schwimmers erreicht. Andererseits erwartet man dann doch wieder, dass „Frauen Frauen bleiben" und sich typisch weiblich verhalten.

Männern ergeht es nicht besser: Benehmen sie sich als Gentlemen, machen sie Komplimente, lassen sie den Vortritt und behandeln die Frau als „die bessere Hälfte", hält man ihnen den Patriarchen vor. Haben sie endlich begriffen, dass Frauen nicht nur gleichberechtigt sein, sondern auch genau gleich behandelt werden wollen, und schlagen sie im Wettbewerb einen raueren Ton an, dann heißt es, sie seien respektlos und frauenfeindlich. Verzichten sie auf ihre Karriere der Familie wegen, müssen sie sich den Vorwurf der Erfolglosigkeit anhören. Streben sie zügig nach oben, werden sie als Karrieristen verachtet und versäumen die Teilhabe an der Familie. Einerseits wurde Gender Mainstreaming ursprünglich eingeführt, um die Anliegen beider Geschlechter zu thematisieren, andererseits werden in der Praxis jedoch wieder die Frauen bevorzugt behandelt. Zum einen sollen auch Männer ihre Rolle verändern, zum anderen gesteht man ihnen nach wie vor für ihre Fragestellungen keine eigene Vertretung zu, weil sie ja im Patriarchat ohnedies immer bevorzugt gewesen wären und immer noch sind.

Da muss man sich nicht wundern, wenn in diesem Dilemma alle die Orientierung verlieren, denn: Wahr ist immer auch das Gegenteil, niemand kann sich richtig verhalten; oder wie der Volksmund sagt: „Wie man es macht, macht man es falsch". Man könnte die Sache auch als harmlos abtun und meinen, da müsste schon jeder selbst damit fertig werden. Doch so einfach ist es nicht. Die Doppelbotschaften des *Allmachts-Feminismus* erzeugen massive Probleme im Beruf und im Privatleben für beide Geschlechter. Sie beeinflussen darüber hinaus die gesamte Gesellschaft von den Werthaltungen bis zur Gesetzgebung und sind bis in die Richtlinien der Europäischen Union, in nationale Verordnungen und in die Programme der politischen Parteien eingesickert.

Der *Allmachts-Feminismus* lässt sich nicht an einzelnen Personen wie Politiker/innen oder Experten festmachen und wird auch nicht explizit von Institutionen oder Organisationen vertreten. Er ist vielmehr ein Konglomerat aus unterschiedlichen Annahmen, die im weitesten Sinne mit Geschlechterfragen zu tun haben. *Allmachtsfeministisch* verhält sich jede Person – unabhängig von der (gesellschafts-)politischen Ausrichtung –, die diese widersprüchlichen Aussagen willkürlich verwendet, wie sie gerade in ihre Argumentation passen; die sich nicht deklariert, ob die Frauen nun gleich sein sollen wie die Männer – oder doch verschieden.

Der *Allmachts-Feminismus* ist auch keine Wissenschaft, ja nicht einmal eine einheitliche Ideologie mit logischen Forderungen, obwohl er sich selbst gerne so sieht. Wenn man seine Auswirkungen jedoch genau betrachtet, so entpuppt er sich – auf den ersten Blick doch sehr überraschend – nicht als logischer Nachfolger der ursprünglichen Frauenbewegung, sondern als unbewusster Handlanger des herrschenden Systems, *des finanzgetriebenen Neoliberalismus*. Diese Zusammenhänge sind nicht leicht zu erkennen. Erst wenn man sich die Frage stellt, wem die derzeitige Geschlechterpolitik eigentlich nützt, klärt sich vieles, das einem logisch denkenden Menschen doch ziemlich absurd vorkommen muss: Da die Ideologie der zwanghaften Gleichverteilung eindeutig nicht für die Mehrheit der Menschen von Vorteil ist, muss man weiter suchen. Dann stellt sich heraus, dass die allgemeine Verwirrung, die der *Allmachts-Feminismus* erzeugt, vor allem den Interessen der mächtigen Vertreter und Vertreterinnen des Großkapitals sowie einer elitären Schicht von Wissenschaftlern und Experten dient, die den Entscheidungsträgern zuarbeiten.

Solche Überlegungen mögen wie eine Verschwörungstheorie klingen – und werden mit diesem Argument auch immer gleich im Keim erstickt –, doch das System (man ist beinahe versucht, es als „das Imperium" zu bezeichnen) nutzt in einer subtilen Machtstrategie alle auftretenden Ereignisse – von Umweltkatastrophen über politische Konflikte bis zum allgemeinen Wertewandel – für seine Ziele. Diese bestehen vor allem in der Erschließung immer neuer Märkte, wie die Globalisierungskritikerin Naomi Klein („Die Schock-Strategie: Der Aufstieg des Katastrophen-Kapitalismus") anschaulich darlegt.

Unter dem Motto „Divide et impera" profitieren die Systemvertreter/innen auch von der Spaltung der Geschlechter. Dazu werden sowohl die Anliegen der Frauen als auch die Schuldgefühle der Männer funktionalisiert, denn der propagierte Zwang zur Gleichverteilung aller Bereiche führt zur Schwächung des existenziellen Zusammenhalts der Geschlechter. Der ständige Kampf um die eigene „Hälfte" lenkt den Blick von den eigentlichen politischen Problemen ab. Und selbst jenen, die Entwicklungen missbilligen, bleibt keine Kraft zur Durchsetzung tief greifender gesellschaftlicher Veränderungen. Die Akteure (beiderlei Geschlechts) des Systems können in Ruhe an der Vermehrung ihrer Vermögen und an der Sicherung ihrer Privilegien arbeiten.

Diese Vereinnahmung der Geschlechterpolitik wirkt im Verborgenen. Sichtbar ist nur, dass mithilfe des *Allmachts-Feminismus* alle Register gezogen werden, um die Interessen „der" Frauen einseitig durchzusetzen – immer mit dem Ruf nach Gerechtigkeit und Wiedergutmachung für erlittene Unterdrückung auf den Lippen: Der Kampf gegen die Männer findet laufend statt – auch wenn das gerne bestritten wird. Warum sollten Frauenfragen so viel bedeutsamer sein als Männerfragen? Philosophie, Psychologie, Soziologie, Anthropologie, Biologie,

Medizin und andere beschäftigen sich ohnedies mit relevanten Themen aller Menschen – auch mit jenen von Frauen.

Die meisten Frauen sehen (noch) nicht, dass ihre Vertreterinnen drauf und dran sind, ihre eben erst gewonnene Macht zu missbrauchen, denn sie scheuen keine unlauteren Tricks – von der Umdeutung von Statistiken bis zur populistischen Propaganda. Der *Allmachts-Feminismus* leistet jedoch keinen Beitrag mehr zur Verbesserung des Lebens der Menschen. Er bedroht vielmehr die neue Wahlfreiheit beider Geschlechter, belastet Frauen wie Männer, Kinder und Alte – und damit letztlich die Weiterentwicklung der gesamten Gesellschaft.

Wer den Preis bezahlt

Unabhängigkeit für Frauen war das erklärte Ziel aller Emanzipationsbemühungen. Man erwartete sich davon eine Vielzahl von Verbesserungen für ihre Lage – und das meiste davon ist mit den Jahren auch durchgesetzt worden und hat positive Auswirkungen. Doch nun kommen die negativen Seiten deutlich zum Vorschein, denen wir uns dringend stellen sollten. Über den Preis, den die neuen Dogmen des *Allmachts-Feminismus* uns alle kosten, müsste man ehrlich nachdenken und offen debattieren können – ohne dass einem sofort unterstellt wird, deswegen dem rechten Lager anzugehören oder die alten Verhältnisse wiederherstellen zu wollen. Weder zieht es alle Frauen wieder an den Herd, noch drängen alle Männer an die Waffen und die Maschinen zurück – aber alle wollen Rahmenbedingungen, die erfüllbar sind, und nicht das Chaos, das sie zurzeit vorfinden. Dass die aktuellen Forderungen der Frauenpolitik im realen Leben nicht umsetzbar sind, ja geradezu ins Verderben führen, spüren immer mehr Menschen am eigenen Leib. Und dabei handelt es sich nicht um die subjektive Meinung einiger weniger.

Auf der einen Seite wird das Idealbild der emanzipierten Frau propagiert, die in Vollzeit arbeitet, Karriere macht und das locker mit den Anforderungen von Partnerschaft, Kindern und alten Eltern in Einklang bringt. Und auf der anderen Seite steht der „Neue Mann", der natürlich immer noch in Vollzeit arbeitet, nach Karriere und Status strebt, zugleich aber zusätzlich einen großen Teil der Familienpflichten übernimmt. Der *Allmachts-Feminismus* propagiert die Verteilung der Macht zwischen den Geschlechtern im Sinne einer Schnäppchenjagd, wie im Werbeslogan „Ich bin doch nicht blöd, Mann!". Er will alles, und zwar zum Diskontpreis. Damit vermittelt er den Eindruck, dass das „Beste aus beiden Welten" für Frauen möglich wäre, ohne dafür auf etwas zu verzichten. Der Erfolg im Erwerbsleben stünde ihnen von Rechts wegen ebenso zu wie ein erfülltes Familienleben – sozusagen als Wiedergutmachung für die Unterdrückung im Patriarchat.

Dabei wird weiblicher Erfolg inzwischen nur mehr nach den Kriterien der Männerwelt bewertet, denn Einkommen und Karriere sind heute auch für Frauen die ausschlaggebenden Faktoren für gesellschaftliche Anerkennung geworden. Dafür macht „frau" sich fit, bildet sich fort und eignet sich neue Kommunikationstechniken an. Diese Entwicklung ist insofern bemerkenswert, als ja genau diese von Männern geschaffene Welt vom *Allmachts-Feminismus* als Ort des Grauens beschrieben wird. Zugleich wird die Innenwelt, die immerhin von Frauen geprägt wurde – und demnach ja ein friedlicher, lebenswerter Bereich sein sollte –, von ebendiesen in Scharen verlassen. Die Versprechung der Frauenpolitik lautet:

Erwerbsarbeit bedeutet für Frauen Entscheidungsfreiheit, Identität und Selbstbestimmung. Das klingt so überzeugend, dass man sich gar nicht die Frage stellt, ob das jemals für den Großteil der Männer gegolten hätte. Die Arbeit der Männer war (und ist) in den seltensten Fällen geeignet, ihrer Selbstverwirklichung und Unabhängigkeit zu dienen. Das einzig Wichtige war, ob sie damit ihre Familien erhalten konnten – da wurden sie nicht lange nach ihrer Identität gefragt.

Nun sollen Frauen in jener Welt, die Männern eine kürzere Lebenserwartung und den Verzicht auf eine rege Anteilnahme am Familienleben abverlangt, ebenfalls in Vollzeit arbeiten, Karriere machen und Erfolge vorzeigen – allerdings ohne auf Kinder zu verzichten. Der *Allmachts-Feminismus* postuliert ja, dass alle Aufgaben der „Innenwelt" nach einem vollen Arbeitstag in der „Außenwelt" ganz nebenbei zu erledigen wären, denn technische Geräte, von der Waschmaschine bis zum Staubsauger, vom Tiefkühler bis zur Mikrowelle, hätten die Hausarbeit zum Kinderspiel gemacht. Das ist auch unbestritten und würde die Chance auf mehr Freiraum für beide Geschlechter mit sich bringen. Doch anstelle von mehr Freizeit ist der Qualitätsanspruch an die Familienarbeit ständig im Steigen begriffen: Die Wohnung muss klinisch sauber sein, die Wäsche gepflegt und duftend, das Essen selbst gekocht und gesund.

Doch damit nicht genug: Gleichzeitig mit diesen Vorgaben jagt eine Kampagne der Familienpolitik die nächste, die Frauen wie Männern vermitteln sollen, welchen Einsatz sie bei der Kindererziehung zu bringen haben: von der Frühförderung über Kultur- und Sportangebote bis zu gemeinsamen Mahlzeiten; Zeit haben, über Probleme sprechen und alle Entwicklungsphasen – vom Trotzalter bis zur Pubertät – gekonnt meistern; darüber hinaus die alten Eltern möglichst lange selbst zu Hause pflegen – sie nicht in ein Heim abschieben – und das Trainingsprogramm zur Alzheimer-Prophylaxe mit ihnen absolvieren; dazu noch sich selbst in Form halten, ausreichend sportliche Aktivitäten setzen, sich um ein befriedigendes Sexualleben bemühen, schön und schlank sein, sich um Gesundheit, lebenslange Weiterbildung, kulturelle Interessen und Freunde kümmern; die Umwelt schonend behandeln und als engagierte mündige Bürgerinnen und Bürger die Gesellschaft mitgestalten.

DAS KANN SICH NICHT AUSGEHEN!

Früher wurden die Aufgaben der Innenwelt in unterschiedlichen Gesellschaftssystemen und -schichten anders bedient: Adelige und großbürgerliche Familien hatten (und haben) dafür entsprechendes Personal. Kleinbürgerliche Familien waren stolz darauf, dass die Frau keiner Erwerbsarbeit nachgehen musste und durch ihre Arbeitskraft einen nahezu bürgerlichen Standard herstellen konnte. Im real existierenden Sozialismus waren die meisten Familienaufgaben vergesellschaftet, der Staat stellte ausreichend kostenlose Einrichtungen im Gesundheits-, Bildungs- und Pflegewesen zur Verfügung, damit Männer und Frauen gleichermaßen werktätig sein konnten. Arme Familien lebten weit entfernt von diesem Ideal, da Männer wie Frauen (und oft auch Kinder) einer Erwerbsarbeit nachgehen mussten und Haushaltshilfen nicht leistbar waren.

Um in der heutigen Zeit diese hohen Ansprüche zu erfüllen, würde man für je sechs Personen – beispielsweise Vater, Mutter, Kinder und Großeltern – ZWEI Ganztagskräfte benötigen, die einkaufen, kochen, putzen und waschen, mit den Kindern lernen und den Alten zum Arzt gehen. Heute leben jedoch viele Frauen – und zunehmend auch Männer – aller Schichten die Quadratur des Kreises. Sie sollen *„bürgerliche Standards mit proletarischen Mitteln"* herstellen: Alle müssen einer Vollzeit-Erwerbsarbeit nachgehen und die Familienarbeit zugleich persönlich erledigen, denn die einen können sich keine Hilfskräfte und auch keine Betreuungseinrichtungen leisten, die anderen haben ein schlechtes Gewissen, wenn sie Haushaltshilfen beschäftigen, und gönnen sich nur minimale Unterstützung. Da zählt es schon zum Luxus, wenn einmal in der Woche eine Reinigungskraft kommt und wenn man sich erlaubt, Fertigprodukte anstelle von selbst gebackenem Kuchen auf den Tisch zu bringen. Selbst in Bürgerhäusern sind die Kinderfrauen und Haushälterinnen, die eine Familie ein Leben lang begleiteten und damit Kontinuität garantierten, zur Rarität geworden. An ihre

Stelle sind wechselnde Au-pair-Mädchen, Nannies oder überfüllte Kinderbetreuungseinrichtungen getreten.

Sind die Zeiten für Partnerschaft, Kindererziehung, Altenbetreuung, Sozialkontakte und Hausarbeit schon zu gering bemessen, so bleiben Regeneration, Muße, Selbstreflexion, politisches Engagement oder Spiritualität überhaupt auf der Strecke. Diese Bedürfnisse werden in Familien mit Kindern und/oder pflegebedürftigen Eltern, in denen beide Partner in Vollzeit berufstätig sind, oft jahrelang vernachlässigt oder auf Wellness-Wochenenden reduziert.

Alle rackern sich ab und haben ein schlechtes Gewissen, weil sie die hohen Standards nicht erfüllen können. Wir stehen schon lange nicht mehr vor der Frage, wie wir die Aufgaben gleichermaßen zwischen Männern und Frauen aufteilen – vielmehr ist jede/r Einzelne bereits mehr als überbelastet. Die Folgen sind bekannt: steigende Raten an Burnout-, Depressions- und Angsterkrankungen, (wohlstands-)verwahrloste Kinder und vereinsamte Alte.

Die unterschwellige Botschaft lautet heute: Jeder, der nicht arbeitsfähig ist und die anderen an der Erwerbsarbeit behindert, sollte nicht im Familienverband, sondern in einer Institution betreut werden: von der Krabbelstube in den Kindergarten, in die Ganztagsschule, in die Kurse des Arbeitsmarktservices, ins Seniorenheim, ins Pflegeheim, ins Hospiz …

Und hier folgt schon die nächste Ungereimtheit des herrschenden Systems: Explosionsartig sich vermehrende

Sparpakete machen die Finanzierung eines Ausbaus der Kinderbetreuungs-, Bildungs-, Gesundheits- und Pflegeeinrichtungen schlichtweg unmöglich – also wie bitte hat man sich vorgestellt, dass das funktionieren soll?

Um eine bessere Vereinbarkeit von Beruf und Familie zu gewährleisten, wird gebetsmühlenartig an die Männer appelliert, sich stärker an der Familienarbeit zu beteiligen – als ob das eine Lösung wäre. Wer immer sich um Kinder oder Alte kümmern möchte, muss in diesem Gesellschaftssystem Einbußen bei Geld und Aufstiegsmöglichkeiten in Kauf nehmen – das gilt genauso für Männer! Bisher hatten vor allem Frauen die finanziellen Nachteile, die Familienarbeit mit sich bringt, zu tragen. Diese wurden jedoch keineswegs beseitigt, sondern sollen nun den Männern zugeschoben werden. Kann man da nicht verstehen, dass Männer lieber nicht in Kinderkarenz gehen (und zwar mit dem vollen Einverständnis ihrer Partnerinnen)?

Der Zusammenhalt der Geschlechter nimmt auch in privaten Beziehungen ständig weiter ab – Männer und Frauen brauchen einander nicht mehr. Nahezu alle Bedürfnisse sind nicht mehr an ein bestimmtes Geschlecht gebunden. Man muss keinen festen Partner, keine Partnerin für die Sexualität suchen – es stehen jede Menge Ersatzmöglichkeiten zur Verfügung: One-Night-Stands, Callgirls und Toyboys, Cybersex, Sexspielzeug für sich allein. Auch für den Kinderwunsch ist eine feste Beziehung von Mann und Frau nicht mehr Voraussetzung: Adoption und künstliche Befruchtung sind auch für alleinstehende Personen und gleichgeschlechtliche Paare möglich.

Auch Beziehungen sind nur noch selten dauerhafte Verbindungen: Lebenspartner reduzieren sich auf Lebensabschnittspartner. Obwohl man in der ersten Verliebtheit noch an die Ewigkeit glaubt, weiß man doch, dass das Risiko einer formellen Bindung nicht allzu groß ist. Ehrlichkeit und die Bereitschaft, für seine Handlungen Verantwortung zu übernehmen, kosten Zeit und Energie. Herausforderungen zu meistern, bringt keine Vorteile gegenüber der Verlockung, mit dem nächsten, scheinbar besser geeigneten Partner neu zu beginnen. Bei aller Anerkennung der individuellen Unabhängigkeit und der Chancen, die diese neue Freiheit bietet, wird oft vergessen, dass eine so schwierige und komplexe Konstruktion wie eine monogame Beziehung ohne „Trauzeugen", ohne Wissen, Zuspruch und Unterstützung durch ein soziales Umfeld nahezu keine Chance hat, Krisen zu überstehen. Doch das ist aus der Sicht des *Allmachts-Feminismus* unerheblich: Er betrachtet die „heterogene Zweierbeziehung" ohnedies als Auslaufmodell, weil sie eine patriarchale Erfindung zur Unterdrückung der Frauen wäre.

In den Städten wird jede zweite Ehe geschieden. Nicht nur junge Menschen geben ihre Beziehungen auf, auch Paare, die schon 20, 30 Jahre gemeinsam geschafft haben, sehen in der Trennung eine Chance für ihre persönliche Weiterentwicklung. Mehr als die Hälfte der Scheidungen

112

werden einseitig von Frauen eingereicht. Sie wollen, gestützt durch die neue Unabhängigkeit, die emotionalen Belastungen einer schlechten Partnerschaft nicht mehr ertragen und trennen sich, auch wenn andere Gefahren wie Armutsgefährdung und Dreifachbelastung drohen. (In diesem Zusammenhang wirken allerdings die öffentlichen Klagen über die vielen Frauen, die von ihren egoistischen Ehemännern verlassen wurden, reichlich absurd.) Auch die meisten (häufig *allmachts-feministisch* ideologisierten) Therapeutinnen haben Empfehlungen zur Trennung rasch bei der Hand. Sie raten vor allem den Frauen eher zu einem Leben allein, als dass sie ihnen Techniken zur Durchsetzung und respektvollen Auseinandersetzung mit den Männern vermitteln würden.

Allen gemeinsam ist die Vorstellung, dass es sich nicht lohnt, für eine Beziehung zu kämpfen. Wenn die Partnerin, der Partner nicht alle Sehnsüchte befriedigen kann, stürzt man sich mit der gleichen Hoffnung in die nächste Liebe. Und wenn auch diese nicht hält, kann man ja für sich allein leben, was die wachsende Zahl der Singles beweist. Doch nicht alle Menschen wollen auf Dauer so viel Unabhängigkeit, und viele suchen nach neuen Formen von Verbindlichkeit und Kontinuität in ihren Beziehungen.

Wenn Zwänge und Regeln fallen, zeigt sich, dass das Individuum möglicherweise doch nicht so belastbar ist, wie es im ersten Rausch der Freiheit ausgesehen haben mag. Bisher galt die Familie als kleinste Zelle einer Gesellschaft. Wird nun der/die Einzelne – wie der *Allmachts-Feminismus* bereits postuliert –, der bislang allein nicht überlebensfähig war, trotz aller Hindernisse zur kleinsten Zelle befördert, dann muss sich jeder vor allem um sich selbst kümmern. Sobald die Kaufkraft nicht ausreicht, um die notwendigen Dienstleistungen zu bezahlen, ist der/die Einzelne mit der Bewältigung des Lebens rasch geistig, emotional und körperlich überfordert und vom Abrutschen in die Isolation oder die Verarmung gefährdet.

Und wie sollte nach all dem Stress der Selbstfürsorge auch noch Zeit für die älteren Verwandten bleiben? Kommt man doch schon mit den genannten Aufgaben nicht zurecht und hechelt ständig allem hinterher. Man weiß, dass Kranke und Ältere nicht nur beste medizinische Versorgung und professionelle Pflege brauchen, sondern vor allem Zuwendung und eine vertraute Umgebung; dass viele Alte nur mit großem Widerwillen oder aus Rücksicht auf die überbelasteten Jungen überhaupt in Heime zu bringen sind. Eine zunehmende Akzeptanz von Hilfsdiensten und Institutionen hat zwar insbesondere die Frauen von der Belastung der Betreuung befreit, jedoch wurde für ihre Zuwendung kein entsprechender Ersatz gesucht. Erstens ist Zuwendung nur dann voll wirksam, wenn sie mit persönlicher Beziehung, mit Geschichte und Zukunft verbunden ist, was durch noch so professionelle Dienstleistungen nicht erbracht werden kann – diese können nur eine wertvolle Entlastung, aber keinen Ersatz bieten. Und zweitens sind die meisten öf-

fentlichen Pflegeeinrichtungen aufgrund der Sparmaß-
nahmen auch beim besten Willen nicht in der Lage, einen
geborgenen Lebensabend zu ermöglichen.

War die Pflege der Angehörigen schon immer eine
extreme Belastung – eben fast ausschließlich für Frauen –,
so wird sie nun durch den Zwang zur Vollzeiterwerbstä-
tigkeit vollends unmöglich. Die Dramen, die sich dabei
abspielen, die emotionalen Konflikte, die die Situation für
die ganze Familie bringt, werden zwar in Fachkreisen
diskutiert – in der Öffentlichkeit jedoch tunlichst vermie-
den, denn es gibt dafür nicht die Spur von brauchbaren
Lösungsansätzen, die dem Anspruch auf Menschlichkeit
entsprechen. Die Gefahren des drohenden Pflegenot-
stands werden sporadisch in Form von kurzen Meldun-
gen in den Medien erwähnt, um dann gleich wieder zu
verschwinden. Die Fragen der Kinderbetreuung werden
zumindest – wenn auch einseitig – diskutiert, jene der
Altenbetreuung konsequent totgeschwiegen.

Doch diese Problematik wird sehr bald sehr drängend
werden – nicht nur durch die rasch anwachsende Zahl
der älteren und pflegebedürftigen Menschen, sondern
auch durch die wachsende Anzahl von Menschen aus
anderen Kulturen. In asiatischen, arabischen, süd- und
osteuropäischen Ländern ist Verehrung der alten Eltern
und die damit verbundene Verantwortung für sie auch
heute noch stark verankert. Daher wird sich die Frage
eines menschlichen Umgangs mit der älteren Generation
bald noch viel drastischer stellen.

Und die Lösungsansätze? In traditionellen Gesellschaften wurden (und werden) Leistungen wie die Unterstützung des erwerbstätigen Partners, die Kindererziehung, die Betreuung von alten Menschen im Familienverband und das Engagement in den Gemeinden vor allem von Frauen erbracht. Diese Tätigkeiten wurden zwar nicht bezahlt, waren jedoch hoch geschätzt. Dass der hohe soziale Status systematisch abgewertet wurde, kommt aus der Ecke des *Allmachts-Feminismus*, der den Machtschauplatz der „Frau des Hauses" zur minderwertigen Tätigkeit einer „Nur-Hausfrau" und Familienarbeit als uninteressant eingestuft hat. Gesellschaftliche Normen, die der Frau Respekt, Schutz und Bevorzugung einräumten, wurden systematisch als Unterdrückungsinstrument der Männer entlarvt und angeprangert. Nun streben Frauen nach den letzten Bastionen des schillernden und finanziell eigenständigen Machtbereichs der Männer. Sie werden nicht müde zu betonen, wie uninteressant und eines intelligenten Menschen unwürdig doch die Familienarbeit wäre – die Decke würde ihnen auf den Kopf fallen. Damit ist jener höhere Sozialstatus der Frau, der ihr als Ausgleich für den Verzicht auf öffentliche Macht zustand, endgültig gefallen. Männer müssen sich auch nicht mehr zum Dienst an der Frau zwingen, sei es durch höfliche Umgangsformen im Alltag oder durch die Last des Alleinverdieners.

Wenn der *Allmachts-Feminismus* ernsthaft eine völlige Gleichverteilung der Aufgaben anstrebt, hat er mit der

Abwertung der Familientätigkeiten die falsche Strategie gewählt. Man muss sich doch nicht wundern, dass Männer keine Lust haben, freiwillig die Hälfte dieser als so unwürdig, langweilig und unbefriedigend beschriebenen Aufgaben im Haus zu übernehmen. Da ist der nächste Schritt nur logisch: Man muss sie dazu zwingen! Würde einem Marketingexperten bei der Bewerbung eines Produkts ein solch schwerer Fehler passieren, würde man ihn feuern. Begehrt wird doch, was Sinn macht und Erfolg verspricht.

Verkommt Kindererziehung zum Ladenhüter, den keiner mehr freiwillig haben möchte? Die Tätigkeiten, die für die Familie zu erbringen sind, heißen nun: Familienarbeit, Beziehungsarbeit und sogar Zuwendungsarbeit – so als ob man die Liebe zu Partnern, Kindern oder Eltern mit denselben Gesetzmäßigkeiten betrachten könnte wie eine Erwerbsarbeit. Die Folgen davon sind kleinliche Streitereien mit dem Rechenstift: Wie viel habe ich getan? Was gibst Du mir? Was habe ich davon? Werde ich ausgenutzt?

Die Doktrin des *Allmachts-Feminismus* – Vollzeit-Erwerbstätigkeit für Männer und Frauen – fordert einen hohen Preis: Zwischenmenschliche Beziehungen werden in den Hintergrund gedrängt; für Kinder und Alte, Intimität und Partnerschaft, Gesundheit und persönliche Weiterentwicklung bleiben neben Job und Hausarbeit weder Zeit noch Kraft. Zuwendung und Fürsorge werden kommerzialisiert, gegen Bezahlung ausgelagert – und damit den Prinzipien des Konsums unterworfen: Kinderbetreuung, Pflegehilfen, Nachhilfen, Haushaltshilfen, Fastfood-Ketten und Tiefkühlkost – vom Sex bis zur Kinderbetreuung, vom Kochen bis zur Wohnungspflege und bis zu Sicherheitsfragen. Einrichtungen für jedes Alter und für alle Probleme.

Wenn sich die traditionellen Geschlechterrollen weiter auflösen, ohne dass wir neue Formen des Zusammenlebens für beide Geschlechter und alle Generationen entwickeln, besteht die Gefahr, dass der Mensch von einer Spezies, die sich in Paaren organisiert (was bisher der Fall war), zu einer Masse mit willkürlichen (wechselnden) Geschlechtern und fluktuierenden Beziehungen mutiert. Oder aber die Zweigeschlechtlichkeit wird von etwas abgelöst, das man „Mischgeschlechtlichkeit" (Androgynität) nennen könnte: Jedes Individuum ist männlich und weiblich zugleich – und die Fortpflanzung wird der Technik überantwortet.

Aber so weit muss man sich mit seinen Überlegungen gar nicht versteigen. Die Auswirkungen der *allmachtsfeministischen* Frauenpolitik bekommen wir alle im Alltag als extreme Belastung zu spüren. Um dies zu ändern, müssten wir für Bedingungen kämpfen, welche die Erwerbsarbeit sinnvoll reduzieren und die Menschen für Zuwendung und gesellschaftliches Engagement freispielen – ohne dass sie deswegen in Existenznöte geraten. Dazu muss der „Vertrag" zwischen den Geschlechtern auf der Basis der Werte von wirklicher Freiheit und sozi-

aler Gerechtigkeit neu verhandelt werden: Frauen können erwerbstätig sein, und Männer können Familien be-
treuen – doch nicht jeder kann beides zu hundert Prozent
machen! Ein echtes „Halbe-Halbe" kann nur bedeuten,
dass die Erwerbsarbeit nicht die Betreuung von und die
Zuwendung zu anderen Menschen unmöglich macht –
oder mit massiven finanziellen Verlusten für Frauen wie
für Männer verbunden ist. Eine zweifelhafte Freiheit darf
nicht zulasten der lebensnotwendigen Geborgenheit noch
weiter ausgebaut werden.

Mütter im Abseits

Die ständige Klage der Vertreterinnen des *Allmachts-Feminismus* über die Mängel der Männer ist eigentlich nicht zu verstehen. Warum sind Männer nicht so, wie Frauen sie gerne hätten? Frauen hatten (und haben) doch als Mütter in den prägenden ersten Jahren den größten Einfluss auf die Kinder. Auch wenn der Vater als „Haushaltsvorstand" eine Rolle spielte und in Großfamilien mehrere Personen zur Verfügung standen, so war doch meist die Mutter die Hauptperson in der Erziehung. Die Macht der Mütter wurde in der heute in westlichen Ländern üblichen Klein- oder Rumpffamilie sogar noch größer, weil sie als einzige Bezugspersonen übrig blieben. Frauen hätten also schon längst jede Chance gehabt, die Jungen zu friedfertigen und gefühlsbetonten Männern und die Mädchen zu selbstbewussten, freien Frauen zu erziehen.

Doch Mütter sind keine Übermenschen und entsprechen nur selten dem Ideal. Kinder machen positive Erfahrungen mit ihnen, erleben aber genauso Schmerzen und Verletzungen, die sich auf das ganze weitere Leben auswirken. Auch Mütter schaden ihren Kindern – aus Unwissenheit, aus eigener Traumatisierung oder aus Verblendung: Manche benutzen ihre Söhne als Ersatz für den tatsächlich oder emotional abwesenden Partner und ihre Töchter als beste Freundin und Verbündete; sie binden die Kinder zu eng, ersticken sie mit Überfürsorge oder sie sind kalt und unaufmerksam bis zur Verwahrlosung. Auch sie sind zu Gewalt und sexuellem Missbrauch fähig, selbst wenn das die Gesellschaft *(und der Allmachts-Feminismus)* nicht gerne wahrhaben möchte.

Betrachtet man quer durch die Geschichte, wie Mütter ihre Kinder behandeln, so sieht man nicht nur liebevolles und sanftes Verhalten, sondern auch seelische Grausamkeit und Körperverletzung: Spartanerinnen, die ihre Söhne ins Wasser warfen, obwohl sie wussten, dass nur die stärksten überleben würden; Chinesinnen, die die Füße ihrer Töchter durch jahrelanges Bandagieren verkrüppelten; Nordamerikanerinnen und Europäerinnen, die nach der Geburt im Krankenhaus die sofortige Trennung von ihren Neugeborenen akzeptierten; deutsche Mütter im Dritten Reich, die aus Gründen der Disziplinierung ihre Kinder bis zur Erschöpfung schreien ließen.

Welche Vorstellungen Mütter über richtige Kindererziehung haben, hat nur wenig mit „Natürlichkeit" zu tun. Sie handeln nicht wie die Säugetiere nach einem „biologischen" Prinzip, das jene Verhaltensweisen vorgibt, die für den Nachwuchs am besten sind. Anthropologen und Ethnologen zeigen uns so unterschiedliche Beziehungen von Mutter und Kind, dass man nicht mehr entscheiden kann, was als „natürlich" gelten soll.

Menschenmütter können sich keinesfalls auf ihre Instinkte verlassen, vielmehr werden ihre Einstellungen und Handlungen überwiegend von den jeweiligen politischen und wissenschaftlichen Doktrinen bestimmt. Da es die Mütter sind, die den größten Einfluss auf den Nachwuchs haben, müssen die Herrschaftssysteme vor allem ihre Zustimmung gewinnen, um die zukünftigen Bürger und Bürgerinnen von Anfang an im Sinne ihrer Ideologie zu formen. Und dies gelingt in jeder Gesellschaft – Mütter stellen ihre Gefühle hinter die herrschenden Normen zurück und sind verlässliche ausführende Organe der herrschenden Systeme: Wenn Härte und Disziplin in der Kindererziehung modern sind, werden Kinder rigoros gestraft; wenn frühe Trennungen gefordert sind, werden die Kinder außer Haus gegeben. Nicht, dass die Mütter nicht darunter leiden würden, doch letztlich beugen sie sich der höheren „Einsicht" und akzeptieren die gesellschaftlichen Normen.

Auf diese Weise hat die Heranziehung von systemkonformen Bürgern auch perfekt funktioniert. Doch seit Systemveränderungen immer rascher geschehen, verliert diese Methode ihre Wirkung: Wenn die Kinder erwachsen sind, existieren meist die Regime, für die sie erzogen wurden, nicht mehr; oft ist dann das ideologische Pendel sogar ins Gegenteil ausgeschlagen: Die Kinder der Monarchisten mussten sich in der Demokratie zurechtfinden, jene der Nationalsozialisten mussten mit Zusammenbruch und Wiederaufbau leben lernen, die Kinder

der DDR sich in der deutschen Wiedervereinigung orientieren.

Den letzten Umschwung der Prinzipien der Kindererziehung können wir selbst noch nachvollziehen: Wer in den 1970er-Jahren Pädagogik oder Psychologie studierte, hatte als Prüfungsthema die Theorie des Tiefenpsychologen Sigmund Freud über die Mutter-Kind-Dyade zu lernen. Damit war eine ausschließliche, enge, körperliche und emotionale Verbindung von Mutter und Kind gemeint, die etwa bis zum achten Lebensmonat andauert. So lange sollte das Kind auch idealerweise gestillt werden und ab dann könnte es zeitweise andere (meist weibliche) Betreuungspersonen verkraften. Der Vater sei erst etwa um das vierte Lebensjahr als Repräsentant der Außenwelt für das Kind von Bedeutung. Eine frühe emotionale Bindung sollte idealerweise durch die Mutter gewährleistet werden, weil sie aufgrund der körperlichen Verbindung in der Schwangerschaft und ihrer hormonellen Verfassung nach der Geburt die besten Voraussetzungen dafür hätte. Nur in Notfällen dürfe eine andere Person als Ersatz einspringen.

Die Überzeugung von der großen Bedeutung einer guten Bindung zur Mutter prägte die 1968er-Avantgarde. Neben den Arbeiten Freuds wurden jene des Psychiaters und Sexualforschers Wilhelm Reich zur allgemeinen Leitlinie. Er und seine Tochter Eva Reich hatten die Zusammenhänge zwischen leib- und lustfeindlicher Erziehung und der Entstehung von Krankheiten aufgezeigt: Diese berge nicht nur Gefahren für das Individuum, sondern fördere auch faschistische Tendenzen in der Gesellschaft – Wilhelm Reich nannte das die „Emotionale Pest" („Rede an den kleinen Mann" und „Massenpsychologie des Faschismus"). Er galt als einer der wichtigsten Repräsentanten der Idee, dass geborgene und doch freie Erziehung den Menschen zu mehr emotionaler Gesundheit und der Gesellschaft zu mehr Frieden verhelfen würde.

Die Folge war die Entwicklung einer neuen Körperlichkeit im Umgang mit Babys und Kleinstkindern. Sie sollten möglichst lange durch den nahen Körperkontakt mit der Mutter Sicherheit und Geborgenheit erfahren, denn der Mensch sei ein „Tragling" wie die Affen und kein „Nestflüchter" wie die Hühner. Zum Vorbild nahm man die Erziehungspraktiken vieler Naturvölker; Methoden der Sanften Geburt wurden nicht nur bei Hausgeburten praktiziert, sondern auch in Krankenhäusern angeboten. Man verzichtete auf die Trennung der Kinder von ihren Müttern gleich nach der Geburt, das Rooming-in kam in Mode. Babys wurden in Tragetüchern überall hin mitgenommen, das stramme Wickelkissen und der Kinderwagen galten als schädlich, die Renaissance des Stillens durchbrach die strengen Fütterungsgebote. Zunehmend waren auch die Väter bei der Geburt dabei und von Anfang an in die Kinderbetreuung und -erziehung eingebunden.

Die Absicht war, Kinder durch eine lange körperliche Beziehung zur Mutter, eine behutsame Ablösung, ein langsames Heranführen an andere Personen und schließlich die schrittweise Gewöhnung an die Regeln einer größeren Gemeinschaft für ein selbstbestimmtes Leben in einer repressionsarmen Gesellschaft stark zu machen. Es hatte sich die Erkenntnis durchgesetzt, dass die Inhalte der Erziehung nur selten für die Zukunft tauglich sind und nur die Zuwendung selbst die Basis für ein gelungenes Leben schaffe. Wichtig wäre nicht, WAS Kinder erleben und lernen, sondern dass dies kontinuierlich und in einem vertrauten emotionalen Umfeld geschieht, wie aktuell auch die Humanbiologin Barbara Schweder ("Mutterliebe. Warum sie uns stark macht. Weshalb sie bedroht ist") aufzeigt.

Die Erkenntnisse der Entwicklungspsychologie führten zur Einführung von Gesetzen zum Mutterschutz und Karenzzeiten von mindestens einem Jahr, aber besser bis zu drei Jahren. Danach waren ein Übergang mit Halbtagskindergarten bis zum Schuleintritt und die Möglichkeit für die Mütter, in Teilzeit zu arbeiten, vorgesehen. Die dringende Forderung nach einem größeren Angebot an Teilzeitarbeitsplätzen für Frauen prägte lange Zeit die Frauenpolitik.

Mit den 1990er-Jahren – nicht zufällig zeitgleich mit dem Wertewandel von der Sozialen Marktwirtschaft zu einem *finanzgetriebenen Neoliberalismus* – kam der Umschwung in der Kindererziehung: Heute lautet die gängige Forderung der Vertreterinnen des *Allmachts-Feminismus*, dass Teilzeitarbeit Frauen in ihrem Einkommen, ihrem Pensionsanspruch und ihren Aufstiegschancen einschränken würde und daher die Unterbrechungen des Erwerbsprozesses möglichst kurz und die Arbeitszeiten möglichst lang sein sollten. Anzustreben wäre die Vollzeitbeschäftigung beider Eltern und die Fremdbetreuung der Kinder ab dem sechsten Lebensmonat.

Auf die besorgte Frage, ob das für die Entwicklung der Kinder nicht schädlich wäre, folgen neue Antworten: Die Betreuung von Kleinstkindern könne jeder übernehmen, möglichst der Vater, der ja im Idealfall schon bei der Geburt eine Bindung aufgebaut hätte. Genauso gut seien aber auch fremde Personen und Betreuungsinstitutionen geeignet. Die Theorie der Mutter-Kind-Dyade ist inzwischen aus den Lehrplänen verschwunden und wurde durch die Thesen ersetzt, dass Bindung zwar wichtig sei, diese aber nicht unbedingt durch die Mutter erfolgen müsse. Es käme nicht auf die Menge der Zeit an, sondern auf deren Qualität. Die Mutter müsse nicht „ständig" mit dem Kind beschäftigt sein; wenn sie berufstätig ist, würde sie die knappere Zeit umso intensiver mit dem Kind verbringen.

Die *allmachts-feministischen* Expertinnen stellen sich vor, Mütter würden nach einem anstrengenden acht- bis neunstündigen Arbeitstag, nachdem sie ihre Kinder aus der Kindertagesstätte abgeholt haben – und sofern jemand eingekauft und gekocht hat, so etwa um 18 Uhr –, qualitativ hochwertige Zuwendung liefern können. Sie würden dann mit ihren Kindern entspannt spielen, die

Hausaufgaben kontrollieren und Probleme besprechen. Die Realität ist eine andere: In Vollzeit erwerbstätige Mütter hasten gestresst mit dem Handy am Ohr und quengelnden Kindern an der Hand durch Supermärkte oder über Spielplätze. Dann erledigen sie zu Hause die liegen gebliebene Arbeit, bis die Kinder und sie selbst erschöpft ins Bett fallen. Auch ein in Vollzeit erwerbstätiger Vater kann dabei keine wesentliche Hilfe sein.

Die Diskrepanz zwischen *allmachts-feministischer* Ideologie und der Lebensrealität der Bevölkerung ist enorm, denn ein Großteil der Frauen – und auch Männer – teilt die Forderungen der Frauenpolitik nach früher Fremdbetreuung nicht. Laut einer österreichischen Studie („Der neue Jugendmonitor" von Sophie Karmasin und Peter Filzmaier) sind 77 Prozent der jungen Frauen und Männer dafür, dass Kinder in den ersten drei Lebensjahren überwiegend von Mutter und Vater betreut werden sollen – wenn es ihre wirtschaftliche Lage erlaubt. Diese Ergebnisse werden durch eine aktuelle Untersuchung (Meinungsforschungsinstitut Spectra) noch bestätigt: Unter dem Titel „Klassische Rollenbilder im Vormarsch" (www.orf.at) wird besorgt berichtet, dass im Vergleich zur Befragung 2005 um zwölf Prozent mehr Frauen meinen, dass der Job der Hausfrau genauso erfüllend sei wie jede andere berufliche Tätigkeit.

Insgesamt kann man beobachten, dass vor allem junge Frauen sich Teilzeitarbeit und Unterstützung durch den Staat wünschen, jedoch nicht in Form von mehr

Krippenplätzen, sondern durch Geld, über das sie selbst entscheiden können, sowie Anrechnung der Familienarbeit nicht nur auf Pensionszeiten, sondern auch auf deren Höhe. Vor allem geht es ihnen jedoch um gesellschaftliche Akzeptanz ihres Wunsches, Kinder nicht nur in die Welt zu setzen, sondern sie auch selbst zu erziehen, sich an ihnen zu erfreuen, mit ihnen Zeit zu verbringen – also als Mütter anerkannt und geschätzt zu werden.

Doch diese Haltung der jungen Menschen hat im *finanzgetriebenen Neoliberalismus* keinen Platz. Sie wird vom *Allmachts-Feminismus* als Rückständigkeit oder als gefährlicher „Backlash" beklagt. Besonders in Deutschland und Österreich würde eine konservative Einstellung zum Muttersein die volle Erwerbsarbeit behindern, während Frankreich und die skandinavischen Staaten als Musterländer für eine moderne Haltung gelten, weil dort sowohl die Geburtenrate als auch die Erwerbsquote der Frauen höher sind. Nicht erwähnt wird, dass in diesen Ländern die Anzahl der in Teilzeit arbeitenden Frauen bis zum Schuleintritt ihrer Kinder besonders hoch und der Anteil an Führungspositionen gleich niedrig ist wie bei uns (außer wenn er durch eine Quote erzwungen wurde).

Wenn die Frauenpolitik nun die Teilzeitarbeit an den Pranger stellt, die Vollzeitarbeit für beide Elternteile und die Fremdbetreuung der Kleinstkinder propagiert, ignoriert sie nicht nur die Wünsche einer großen Mehrheit der Wählerinnen und Wähler, sondern auch die Meinung von Experten aus Pädagogik und Psychologie: Es gilt als wissenschaftlich abgesichert, dass eine Vermittlung von sozialen Werten nur durch kontinuierliche Vorbildwirkung im täglichen Zusammenleben geschieht. Dafür muss man allerdings ausreichend Zeit und vor allem Nerven haben. Diese Qualität kann nicht von wechselnden, noch so gut ausgebildeten Betreuungspersonen in einer Kinderkrippe erbracht werden, denn die Anzahl der Kinder und die Fluktuation des Personals sind einfach zu groß. Zudem gehen die Kindergärtnerinnen und Kindergärtner in nicht konfessionellen und staatlichen Einrichtungen naturgemäß mit ihren persönlichen politischen und religiösen Wertvorstellungen an die Erziehungsaufgabe heran, was bei der Vielfalt an Nationen der Betreuungspersonen sehr verwirrend sein kann.

Gerade das wird allerdings vom *Allmachts-Feminismus* oft als großer Vorteil im Sinne der Erziehung zu Toleranz und als Vorbereitung für das Leben in einer pluralistischen Gesellschaft gesehen. Nicht beachtet wird dabei, dass die Fähigkeit, andere Meinungen zu akzeptieren, den Aufbau einer gefestigten Persönlichkeit voraussetzt. Erst dadurch ist man in der Lage, sich für andere Positionen zu öffnen. Menschen, die in ihrer frühen Kindheit keine stabilen emotionalen Bindungen aufbauen konnten, werden als Jugendliche und Erwachsene nicht offener gegenüber anderen. Sie sind aufgrund ihrer Unsicherheit stärker gefährdet, ihre individuelle Selbstständigkeit an dominante Beziehungspartner abzugeben oder totalitären Ideologien zu folgen. Insgesamt sind sie weniger sozialkompetent und leistungsfähig, jedoch leichter zu manipulieren.

Wer in der Beliebigkeit der Meinungen und ohne stabile Bindungen aufgewachsen ist, hat es schwer, für sich und andere ein zufriedenstellendes Leben zu führen. Wir wissen heute, dass die Inhalte der Erziehung nicht so wesentlich sind, wie oft angenommen wird. Viel größere Bedeutung für ein selbstbestimmtes Leben haben die Erfahrung von tragfähigen sozialen Bindungen und die Identifikation mit der ersten Wertegemeinschaft. Nur so kann der erwachsene Mensch neue Werte prüfen und annehmen oder verwerfen.

Die Kinder der 1968er-Generation sind die (potenziellen) Eltern von heute. Viele von ihnen sind mit den Prinzipien der Frauenbewegung groß geworden und können die Forderungen nach Eigenständigkeit der Mütter durch einen möglichst raschen Wiedereinstieg in die Erwerbsarbeit nachvollziehen. Sie sind jedoch auch nach den Erkenntnissen der humanistischen Psychologie erzogen worden und haben mehr Freiheit und Geborgenheit erlebt als andere Generationen. Und wenn sie nun als Erwachsene eine Entscheidung treffen müssen, würden viele Mütter und zunehmend auch Väter die Beziehung zum Kind einem Vollzeitjob und Karriere vorziehen. Sie pflegen zwar eine frauenpolitisch korrekte Rhetorik, nehmen jedoch lieber finanzielle Nachteile in Kauf, als auf eigene Vorstellungen beim Leben mit ihren Kindern zu verzichten. Viele junge Leute vertrauen darauf, dass es später auch noch berufliche Chancen für sie geben wird; sie kombinieren Beruf und Familie mit freiwilliger Teilzeitarbeit und lassen die Kleinstkinder lieber von nahestehenden Personen versorgen, als sie in Kinderkrippen zu geben. Die Umsetzung dieser bevorzugten individuellen Modelle wird jedoch immer schwieriger, wenn viele Junge überhaupt keine Jobs mehr bekommen, von denen eine Familie leben kann, und die Großeltern selbst durch die Anhebung des Pensionsantrittsalters immer länger berufstätig sein müssen.

Zudem erzeugt der öffentliche Druck des *Allmachts-Feminismus*, der Frauen nahelegt, nach der Geburt möglichst rasch wieder arbeiten zu gehen, ein permanent schlechtes Gewissen – vor allem bei jenen, die sich selbst als emanzipiert sehen: Sie schämen sich ihrer mütterlichen Gefühle, sie betrachten sich als Versagerinnen, wenn sie ihre Babys nicht in fremde Hände geben wollen, wenn sie eigentlich lieber noch länger beim Kind bleiben möchten, wenn sie den Kopf nicht für die Arbeit freihaben. Viele junge Frauen suchen Beratung, weil sie glauben, nur sie hätten dieses Problem, denn alle anderen Mütter wären so cool, wie es überall beschrieben wird. Prominente Frauen und selbst Freundinnen, die ständig betonen, dass sie nie Schwierigkeiten gehabt hätten und alles nur eine Frage der Organisation wäre, tun ihnen keinen guten Dienst. Emotionale Zuwendung und gute Erziehung entstehen nicht durch Organisationstalent, sondern durch das Maß an Verlässlichkeit und Energie, das man in die Beziehung zum Kind einbringen kann.

Sowohl mütterliche Gefühle zu haben und zu zeigen als auch der Wunsch danach, mehr Zeit mit dem Kind verbringen zu wollen, bringt heute keine öffentliche Anerkennung mehr. Die letzte Gelegenheit, diese zu erhalten, ist, als Schwangere den Bauch imposant zu stylen und sich damit stolz zu zeigen. Es folgen noch die herzigen ersten Babyfotos, und danach sollte man möglichst von Müttern und Kindern nichts mehr bemerken. Die Gesellschaft braucht sie zwar wegen des Bevölkerungswachstums, der gefährdeten Pensionen und als Konsumenten, aber sonst sind sie vor allem eines – störend und uncool. Tatsache ist, dass das Muttersein heute möglichst unauffällig gelebt werden soll. Mütterlichkeit ist out. Sich dazu zu bekennen, erweckt in den Augen des *Allmachts-Feminismus* den Verdacht, nicht arbeiten zu wollen oder nicht emanzipiert zu sein.

Was steckt hinter diesem massiven Betreiben, die Mutterrolle derart in die Bedeutungslosigkeit zu drängen und die Krippen für Kleinstkinder so stark zu forcieren? Da muss man sich fragen, wem diese neue Norm in der Kindererziehung eigentlich nützt. Offensichtlich fordert der globalisierte Arbeitsmarkt möglichst bindungsarme und flexible Arbeitskräfte. Menschen, die keine stabilen Beziehungen kennen, lassen sich viel leichter von einem Arbeitsplatz zum anderen, von einem Land in das nächste versetzen. Bindungsstarke Menschen hingegen hängen an ihrer Familie, ihren Freunden, ihrem Wohnort – sie sind mühsam in einer raschlebigen, leistungsoptimierten Zeit.

Wenn soziale Werte nicht entwickelt wurden, orientiert man sich nur an seinem eigenen Wohlergehen – dieses Phänomen nennt man in der Alltagssprache eine Ich-Gesellschaft und in der Psychologie Narzissmus. Menschen mit einer solchen Charakterstruktur setzen vor allem ihre eigenen Interessen durch – sie sind nicht an Solidarität interessiert. Etwas zu riskieren, sich zu engagieren, sich für jemanden einzusetzen, steht bei ihnen nicht gerade hoch im Kurs. Dieser Trend wird sich noch verstärken. Die ICH-Gesellschaft, die Vereinzelung und Entfremdung werden einerseits heftig beklagt und andererseits durch die Art, wie mit Müttern, Vätern und Kindern umgegangen wird, ständig weiter ausgebaut.

Den „Neuen Vätern" muss man nur einen kurzen Absatz widmen: Sie bekommen viel öffentliche Anerkennung – vor allem von *allmachts-feministischer* Seite, und sie sind die Liebkinder der Medien. Insgesamt ist ihr Image besser als jenes der Mütter – ihr Alltag ist jedoch schwierig zu bewältigen. In der Praxis haben sie es noch schwerer als Frauen, wenn sie die Karriere wegen der Kinderkarenz verlangsamen oder ein Meeting nicht einhalten können, weil sie den Nachwuchs vom Kindergarten abholen wollen. Einerseits findet man die jungen Väter vorbildlich, andererseits denken insgeheim Frauen jedoch meist, dass man Männer bei der Erziehung der

Kinder kontrollieren müsse, weil man ihnen die volle Verantwortung dann doch nicht zutraut. Und zusätzlich werden Männer, die zu viel Zeit für die Familie verwenden, von anderen Männern verachtet und von Arbeitgebern nicht gern gesehen.

Zudem ist die Verunsicherung der jungen Männer – zwischen Erfolg-haben-Müssen und Ins-Familienleben-einbringen-Wollen – ebenso belastend wie jene der Frauen. Die finanziellen Nachteile, die Männer für die Familienarbeit in Kauf nehmen, sind allerdings meist größer. Was der *Allmachts-Feminismus* wieder mit dem Stereotyp beantwortet, dass eben Frauen mehr verdienen müssten – was logisch nicht ganz nachvollziehbar und sowieso für viele nicht umsetzbar ist: Wäre es umgekehrt denn besser, wenn gut verdienende Frauen, die gerne bei den Kindern bleiben wollen, dann trotzdem arbeiten müssten, damit die Familie nicht den größeren Nachteil hätte? Damit schließt sich der Teufelskreis der Unmöglichkeit der aktuellen Frauenpolitik.

Und warum unternimmt niemand etwas gegen diese Entwicklung? Kritik an der Abwertung der Mutterrolle und der Forderung nach früher Fremdbetreuung der Kinder ebenso wie die Vertretung der Väterrechte kommen fast ausschließlich aus den reaktionären bis ultrarechten Lagern des politischen Spektrums – was aufgrund ihrer traditionellen Rollenvorstellung nicht weiter überraschend ist: Autorinnen wie Fernsehmoderatorin Eva Herman („Das Eva-Prinzip" und „Vom Glück des Stillens"), die deutsche Familienministerin Kristina Schröder („Danke, emanzipiert sind wir selber!") oder die FPÖ-Politikerin Barbara Rosenkranz („MenschInnen") setzen sich – mehr oder weniger – für die Erziehung der Kleinstkinder durch ihre Mütter ein.

Wenn jedoch Menschen mit liberaler oder linker Einstellung die Dogmen des *Allmachts-Feminismus* hinterfragen oder zumindest neue Standpunkte in die Debatte einbringen möchten, werden sie massiv angegriffen, manchmal sogar aus ihren Funktionen verbannt.

Christa Müller, die Exfrau von Oskar Lafontaine, Frontmann der Partei „Die Linke" in Deutschland, ist eine der wenigen bekennenden Sozialistinnen, die es gewagt hat, Untersuchungen über die negativen Auswirkungen von institutioneller Betreuung auf Kleinstkinder publik zu machen. Sie weist in ihrem Buch „Dein Kind will dich" darauf hin, dass der Stresspegel dieser Kinder gefährlich hoch ist und dass auch die erhoffte intellektuelle Förderung jener aus bildungsfernen Familien nicht im erhofften Ausmaß stattfindet. Dezidiert spricht sie sich für eine Betreuung der Kleinstkinder durch die Mütter (und Väter) aus und fordert deren finanzielle Absicherung durch ein „Erziehungsgehalt". Dass das keine abgehobene Meinung ist, zeigt sich schon daran, dass Christa Müller lange Zeit die Zustimmung ihrer Landespartei hatte, dass es also genügend fortschrittliche Frauen und Männer gibt, die einen anderen Umgang mit der Familie befürworten. Doch offensichtlich waren Christa Müllers

Ansichten vom „Müttergehalt" wohl mit der *allmachts-feministischen* Ideologie der Bundespartei nicht vereinbar. Sie wurde zwar nicht aus der Partei ausgeschlossen und vertritt ihre Meinung weiterhin engagiert in den Medien – allerdings hat sie inzwischen ihre politischen Ämter niedergelegt.

Wer politisch links steht, muss heute das Dogma von der in Vollzeit berufstätigen Frau, den Mann am Herd und die Betreuung von Kindern und Alten in Krippen und Heimen akzeptieren. Es ist für weltoffene und moderne Menschen nahezu unmöglich, die Ansicht zu vertreten, dass frühe Fremdbetreuung für Kinder schädlich ist und Mütter (nicht irgendjemand anderer) in den ersten zwei Lebensjahren für sie wichtig sind. Und weil viele fortschrittliche Eltern, Experten und Politiker/innen den Applaus von der falschen Seite – nämlich vom rechten Lager – fürchten, schweigen sie lieber und nehmen die großen Belastungen weiterhin auf sich.

Auch diese Situation ist paradox, denn eigentlich müssten die konservativen Vertreter des *finanzgetriebenen Neoliberalismus* die bindungsarme institutionelle Kindererziehung befürworten, um eine maximale Flexibilität der zukünftigen Arbeitskräfte zu erzielen. Das linke (und grüne) Lager müsste hingegen wie früher für eine starke emotionale Bindung der Kleinstkinder an die Eltern eintreten, damit sie als Erwachsene die Ideale wie Gemeinschaft, Solidarität und soziales Handeln erfüllen können.

Doch auch in einer anderen Frage lässt sich der *All-machts-Feminismus* vor den Karren des *finanzgetriebenen Neoliberalismus* spannen. Wie kann er so hartnäckig übersehen, dass durch die permanente Forderung nach Vollzeitarbeit für alle Frauen der Arbeitsmarkt mit Arbeitskräften überschwemmt wird, und dass dadurch die Verhandlungspositionen der Arbeitnehmer/innen deutlich geschwächt werden? In den letzten 40 Jahren sind (zusätzlich zum Zuzug durch Migration) durch die deutliche Steigerung der Anzahl an Frauen in Beschäftigung ständig mehr Arbeitskräfte auf den Markt gekommen – und dies bei gleichzeitigem massiven Rückgang der Vollzeitarbeitsplätze. Auch das ist einer der Gründe für das Anwachsen der Arbeitslosigkeit, den Zuwachs an Teilzeitarbeitsplätzen und die Zunahme von prekären Arbeitsverhältnissen sowie das Stagnieren des Lohnniveaus – möglicherweise hätte es bei gleicher Anzahl an berufstätigen Frauen auch in den 1970er-Jahren keine Vollbeschäftigung gegeben ...

Diese Erkenntnis führt keineswegs zur Forderung, dass die Frauen wieder zu Hause bleiben sollten. Sie sollte jedoch zu Überlegungen anregen, wie die vorhandene Arbeit besser auf mehrere Menschen verteilt werden könnte und wie sich dadurch die Lage von Frauen, Männern, Kindern und Alten deutlich verbessern würde.

Damit die Menschen, die eine realistischere Verteilung der Erwerbsarbeit und der Familienaufgaben anstreben, auch bei den Wahlen die richtige Entscheidung treffen können, müssten die politischen Parteien in ihren Programmen und vor allem in ihren öffentlichen Aussagen wesentlich konkreter werden. Sie müssten nicht nur sagen, ob und wie sie Frauen fördern wollen, sondern vor allem unter welchen Bedingungen die Menschen arbeiten sollen, damit Frauen wie Männer, Kinder und Alte ein selbstbestimmtes Leben führen können.

Denn die volle Erwerbsarbeit von Männern und Frauen und eine gleichzeitig hohe Qualität von persönlichen Beziehungen lassen sich nicht zugleich verwirklichen. So wie die Arbeitswelt zurzeit organisiert ist, kann der Großteil der Bevölkerung Beruf und Privatleben nicht wirklich vereinbaren und ein menschenwürdiges Leben führen. Um dies zu ändern, gibt es unterschiedliche Lösungsansätze: Entweder die Frauen müssen (wieder) an den Herd – oder an ihrer Stelle jetzt einmal die Männer – und die (Mindest-)Gehälter müssen so gestaltet sein, dass eine Familie von EINEM Vollzeitjob (oder zwei Halbtagsjobs) auch tatsächlich leben kann; oder Frauen wie Männer erhalten ein Gehalt für ihren Einsatz in der Familie; oder es wird eine radikale Arbeitszeitverkürzung bei vollem Lohnausgleich durchgesetzt; oder ein „bedingungsloses existenzsicherndes Grundeinkommen" ermöglicht echte Wahlfreiheit für alle. Würde man von der (unrealistischen) Fixierung auf die Vollzeit-Erwerbsarbeit für alle endlich abrücken, hätten Männer und Frauen wirklich Zeit für ihre Beziehungen, für Kultur, politisches Engagement und für ihre eigene Entwicklung. Doch diese Tatsachen überhaupt anzusprechen geschweige denn neue Lösungen zu diskutieren, traut sich derzeit niemand – man bleibt lieber beim Kampf um die „männlichen" Territorien – die Männer sind offenbar der ungefährlichere Gegner als das herrschende System.

So kann der *finanzgetriebene Neoliberalismus* gemäß seiner Wachstumszwänge ungestört den riesigen Markt der Frauen und Kinder weiter erschließen. Dass er in den Schwellen- und Entwicklungsländern permanent auf der Suche nach neuen Absatzmärkten ist – mit dem Versprechen, Wohlstand und Freiheit zu ermöglichen –, ist bekannt und wird durchaus auch kritisch kommentiert. Doch auch die Veränderung der Geschlechterrollen eröffnet neue Chancen für die Wirtschaft, denn die Menschen müssen umso mehr Fertignahrung, Dienstleistungen und kostenpflichtige Einrichtungen zukaufen, je mehr Stunden sie zur Erwerbstätigkeit verpflichtet sind. Sie gewinnen jedoch durch mehr Arbeit nicht mehr von der ersehnten Lebensqualität – sie konsumieren nur mehr. Das wird von der Politik jedoch ohne weitere Reflexion als Fortschritt gepriesen. Der *Allmachts-Feminismus* hat bei seiner Verherrlichung der Erwerbsarbeit offensichtlich die ursprüngliche Vision des Feminismus von mehr Selbstbestimmung vergessen.

Der Mythos
von der unterdrückten Frau

Frauen wären benachteiligt – und das schon seit Jahrhunderten, seit 3000 Jahren, seit der Steinzeit. Bei den Zeitangaben nimmt man es mit den historischen Fakten nicht so genau. Die Botschaft lautet jedenfalls: schon immer; oder zumindest, seit das Matriarchat zu Ende gegangen sei und die Männer die Herrschaft übernommen hätten. Mit dem Patriarchat hätte die lange Geschichte der Unterdrückung der Frauen begonnen. Sie wären von der öffentlichen Macht ausgeschlossen, an das Haus gefesselt, in Abhängigkeit gehalten und als Sexualobjekt sowie als kostenlose Arbeitskraft ausgebeutet worden. Doch plötzlich hätten die Frauen sich diese Diskriminierung nicht mehr länger gefallen lassen und vor etwa hundert Jahren begonnen, sich zu emanzipieren, indem sie Gleichberechtigung in allen Belangen und das Recht auf ein selbstbestimmtes Leben forderten.

Obwohl ständig über eine weiter bestehende Benachteiligung geklagt wird, kann man die Lage auch so sehen: Die ursprünglichen Ziele der Frauenbewegung sind heute (zumindest in den westlichen Gesellschaften) bereits in vollem Umfang erreicht worden – Frauen haben die gleichen Möglichkeiten wie Männer. Sie werden nicht mehr aufgrund ihres Geschlechts daran gehindert, ihren Beruf, ihre Religion, ihren Lebenspartner zu wählen und ihre Vorstellungen vom Leben umzusetzen.

Diese Überlegung soll keineswegs vernachlässigen, dass es auch im Westen in vielen Bereichen große Unterschiede bei der Beteiligung von Frauen und Männern an Geld, Machtpositionen und Familienarbeit gibt. Dass Frauen ihre bereits vorhandenen Rechte offensichtlich nicht voll umsetzen, wird öffentlich und ausführlich diskutiert: Die einen meinen, Frauen wären noch in den alten weiblichen Rollenmustern gefangen, für die Spielregeln in Wirtschaft und Politik nicht vorbereitet und wollten vielleicht gar keinen größeren Gebrauch von ihren Chancen machen. Die anderen meinen, dass die Männer ganz gezielt ein weiteres Vordringen der Frauen verhindern, weil sie ihre Machtbastionen nicht aufgeben wollen.

Aber kann man aus den bestehenden unterschiedlichen Zugängen und Verhaltensweisen der Geschlechter tatsächlich nur den einzigen Schluss ziehen, dass es sich dabei um eine Unterdrückung der Frauen durch die Männer handelt; dass Frauen insgesamt, als Spezies, vor ihrer Befreiung aus den traditionellen Rollenverhältnissen jahrtausendelang von den Männern in systematischer Weise diskriminiert wurden; dass Frauen prinzipiell Opfer und Männer Täter waren? Zwingt uns nicht nur der gewohnte Blick aufgrund der heutigen westlichen Wertvorstellungen zu einer solchen Interpretation? Möglicherweise wenden wir unsere moralischen Maßstäbe zu Unrecht rückwirkend auf die Vergangenheit an und liegt der Opfertheorie eine prinzipiell falsche Annahme zugrunde, die zuerst plausibel klang und in der Folge nicht mehr hinterfragt wurde. Dann wäre es jetzt an der Zeit, ihre Stichhaltigkeit zu überprüfen:

Ist es intellektuell redlich und wissenschaftlich haltbar, den erst seit der Aufklärung allgemein geltenden Anspruch auf GLEICHHEIT der Geschlechter einfach auf die Vergangenheit anzuwenden und daraus abzuleiten, dass die Frauen früher systematisch benachteiligt waren? Damit begeht man in der Geschlechterfrage doch denselben Fehler, den die Wissenschaften im Umgang mit anderen Kulturen bereits überwunden haben: dass das eigene Land als zivilisiert und andere Völker als „barbarisch", als „unterentwickelt" betrachtet wurden. Heute ist mehr Bereitschaft für ein Verständnis von Andersartigkeit vorhanden und weniger Drang zur Be- und Verurteilung. In einem wissenschaftlichen Zugang bemüht man sich vielmehr darum, jene Umstände zu erforschen, die bestimmte Werte, Strukturen und Verhaltensweisen hervorbringen. Wäre es daher nicht an der Zeit, diese hohe Qualität des Verständnisses für andere Kulturen endlich auch auf die Geschichte der europäischen Kultur anzuwenden und dadurch auch das Geschlechterverhältnis anders zu betrachten?

Wenn eine Gesellschaft ihre Aufgaben unter den Geschlechtern UNTERSCHIEDLICH verteilt, und nicht GLEICHARTIG, dann obliegen Frauen und Männern logischerweise UNTERSCHIEDLICHE Rechte und Pflichten. Sie entwickeln damit auch unterschiedliche Werte und Verhaltensweisen, die einander ERGÄNZEN – die nicht gleichartig, sondern komplementär sind. Aber das muss noch nicht automatisch bedeuten, dass Männer grundsätzlich mehr wert wären als Frauen; dass der Andersartigkeit notwendigerweise ein „Herrschaftsverhältnis" zugrunde liegt, dass eine Über- und Unterordnung die einzig mögliche Struktur wäre.

Überprüfen wir folgende Gegenthese: Frauen waren nie als Gesamtheit von Männern grundsätzlich unterdrückt. Sowohl Männer als auch Frauen nahmen im Laufe der Geschichte UNTERSCHIEDLICHE Positionen ein – mit allen Vor- und Nachteilen für beide, ohne dass eine Dominanz der Männer begründet wurde.

Zwischen den Geschlechtern muss in jeder Gesellschaftsform eine Art „Gleichgewicht der Macht" bestehen. Dieses existiert nicht nur dann, wenn beiden die gleichen Rechte und Pflichten zustehen (wie es die aufgeklärte Weltsicht versteht), sondern auch, wenn Männern wie Frauen UNTERSCHIEDLICHE Instrumente zur Durchsetzung ihrer Interessen zur Verfügung stehen.

Die Überzeugung, dass im Patriarchat die Frauen unterdrückt gewesen wären, entsteht durch eine einseitige Bewertung der früheren Verhältnisse aus der heutigen Sicht. Diese besteht aus drei Komponenten: Erstens: einer generellen Überbewertung der öffentlichen, strukturellen (männlichen) Macht. Zweitens: einer dramatischen

Unterschätzung der persönlichen und emotionalen (weiblichen) Macht, die über persönliche Beziehungen Einfluss auf das Ganze nimmt. Drittens: einer gefährlichen Leugnung der Kräfte, die – trotz aller Dramen und Tragödien – Männer und Frauen immer wieder zueinander hinziehen.

Beginnen wir mit der Ausgangslage: Nach feministischer (und marxistischer) Ideologie manifestiert sich die Unterdrückung der Frauen im Patriarchat darin, dass ihnen der Zugang zur öffentlichen Macht verwehrt und ihr Handlungsspielraum begrenzt wurde. Und dies wäre nicht erst eine Erscheinung der Neuzeit, sondern die Diskriminierung hätte schon mit der sogenannten „neolithischen Revolution", dem Übergang vom Nomadentum zur Sesshaftigkeit, ihren Anfang genommen: Bei den Jägern und Sammlern der Jungsteinzeit hätte eine friedliche Koexistenz zwischen Männern und Frauen bestanden, und erst durch die Entwicklung von Ackerbau und Viehzucht wäre die Bildung von Privateigentum begünstigt worden. Ab dieser Zeit hätten die Männer ein starkes Interesse entwickelt, diesen Besitz nur an ihre leiblichen Nachkommen zu vererben, und die logische Folge zur Sicherung ihrer Vaterschaft wäre die Unterdrückung der Frauen gewesen – auf sexueller, persönlicher und rechtlicher Ebene. Damit hätten die Männer ihre Herrschaft über Frauen und Kinder begründet, wie der Psychoanalytiker Ernest Borneman („Das Patriarchat") ausführlich zu beweisen versucht.

Nicht nur, dass es sich dabei um gewagte Interpretationen handelt, die Historiker und Intellektuelle aufgrund von spärlichen Funden aus früheren Epochen entwickelt haben, ist diese Theorie vor allem eines – eine böse Unterstellung: So als hätten Männer schon in der Steinzeit nur darauf gewartet, endlich eine Gelegenheit zu finden, um Frauen beherrschen zu können; als hätten sie all die Jahrtausende, während sie gemeinsam, partnerschaftlich und friedlich durch die Wälder streiften, nur darüber nachgedacht, wie sie diese an den eben erfundenen Herd zwingen und ihre Arbeit entwerten könnten, während sie selbst die folgenden Zeiten im Glanz der öffentlichen Macht ihre Privilegien genießen würden.

Und wie hätten die Frauen darauf reagiert? Haben sie sich laufend gegen ihre Unterdrückung gewehrt und es nur bis heute nicht geschafft? Das wäre ein ziemlich langer Kampf gewesen, denn schon allein der Übergang zu den Ackerbaukulturen hat etwa 5000 Jahre gedauert, und seither sind immerhin noch einmal etwa 5000 Jahre vergangen, in denen die Herrschaft des Mannes angeblich ungebrochen war. Die Urväter und -mütter der Unterdrückungstheorie sehen das jedenfalls so: Friedrich Engels („Der Ursprung der Familie, des Privateigentums und des Staates") nennt es „die weltgeschichtliche Niederlage des weiblichen Geschlechts". Und Rosa Luxemburg skizziert die besondere Geschichte der Frauen: „Schwer hat die Frau des Volkes seit jeher gearbeitet. In der wilden Horde schleppt sie Lasten, sammelt Lebensmittel; in dem primitiven Dorfe pflanzt sie Getreide, mahlt, formt Töpfe; in der Antike als Sklavin bedient sie die Herrschaft und säugt deren Sprösslinge mit ihrer Brust; im Mittelalter front sie in der Spinnstube für den Feudalherrn. Aber seit das Privateigentum besteht, arbeitet die Frau des Volkes meist getrennt von der großen Werkstatt der gesellschaftlichen Produktion, also auch der Kultur, eingepfercht in die häusliche Enge eines armseligen Familiendaseins. Erst der Kapitalismus hat sie aus der Familie gerissen und in das Joch der gesellschaftlichen Produktion gespannt, auf fremde Äcker, in die Werkstätten, auf Bauten, in Büros, in Fabriken und Warenhäuser getrieben."

Mit dem Blick durch eine feministische Brille müsste man die Situation der Frauen in jeder Phase als bedauernswert beurteilen. Würde man jedoch die Geschichte der Männer in ebendiesen Epochen erzählen, so sähe deren Leben nicht besser aus. Man müsste mit dem heutigen Anspruch auf Freiheit und Selbstbestimmung genauso verzweifeln über die Repressionen, die Gewalt, die Armut, den gesellschaftlichen Zwang in den oberen Schichten, die ständige Bedrohung des eigenen Lebens und das der Familie.

Den meisten feministischen Erklärungsmodellen ist gemeinsam, dass sie in den gesellschaftlichen Entwicklungen eine Absicht der Männer sehen, die Frauen zu ihrem eigenen Vorteil und zu deren Nachteil zu unterdrücken. Die oft ebenso unmenschlichen Lebensbedingungen, denen die Männer ausgesetzt waren (und sind), werden nicht gleichermaßen mit Mitleid und Empörung bedacht – sie wären sozusagen selbstverschuldet gewesen, weil im Patriarchat ja die Männer auch andere Männer unterwarfen, ausbeuteten, ihre Triebe durch Monogamie, Recht und Moral zähmten. Kann man hier wirklich das Geschlecht als Kriterium für Unterdrückung anlegen, wenn doch die Männer einen ebenso hohen Preis bezahlen mussten wie die Frauen – selbst wenn dieser anders geartet war? Oder entstanden diese Strukturen nicht deshalb, damit der nächste zivilisatorische Entwicklungsschritt stattfinden konnte – ohne dass man jemandem dafür die „Schuld" – im Sinne von bewusster Handlung – zuschreiben kann?

Und wenn man schon einen Rückschluss von der heutigen Denkweise auf jene der Urvölker zulässt – wie es in den Theoriebildungen von der Unterdrückung der Frauen durch das Patriarchat laufend geschieht –, dann müssen auch andere Konstruktionen erlaubt sein. Es ist zwar nicht anzunehmen, dass in der Frühzeit der Menschheit Selbstreflexion und Verhandlungen die Entscheidungen bestimmt haben, aber vielleicht ist die Entwicklung ja so abgelaufen:

Es waren die Frauen, die den Impuls für die Sesshaftigkeit auslösten. Sie lagen den Männern in den Ohren, dass sie nun genug vom Nomadendasein hätten und endlich ein sicheres Heim und mehr Kinder haben möchten. Daraufhin suchten die Männer geeignete Regionen, erfanden die entsprechenden Kulturtechniken und errichte-

ten all die Regeln und Gesetze – die heute als Beweis für die Unterdrückung herangezogen werden – zum Schutz von Frauen und Kindern. Weil jedoch der wachsende Besitz immer öfter von anderen Stämmen geraubt oder die fruchtbaren Ländereien erobert wurden, musste jemand diese mit der Waffe verteidigen. Was die Männer – friedfertig, wie sie waren – nicht besonders gerne taten. Und die Frauen schienen auch keine große Begeisterung für das Kriegshandwerk zu entwickeln. Da die Frauen jedoch ein starkes Interesse daran hatten, dass die Männer mehr Verantwortung für sie und ihre Nachkommen übernehmen, suchten sie nach einem Angebot, das diese dazu motivieren könnte. Endlich kamen sie zu dem Schluss, ihr bestgehütetes Geheimnis als Anreiz anzubieten: die Offenlegung der Vaterschaft. Das kostete die Frauen nicht viel (zumal der Handel ohnedies einseitig war, denn die Männer konnten sich – bis zur Erfindung des Gentests – nach wie vor ihrer Erzeugerschaft nicht sicher sein, während die Frauen trotz Keuschheitsgürtel und Haremswächter immer Wege für ihre Liebhaber fanden). Es waren also nicht die Männer, die sich plötzlich der Frage ihrer Vaterschaft bewusst geworden sein sollten und nun alles daran setzten, um sicher zu gehen, dass ihre Erben auch ihre leiblichen Kinder sind, sondern die Frauen. Sie haben den Tausch „Schutz gegen Vaterschaft" eingefädelt.

Diese Fiktion von der Umkehrung der Machtverhältnisse wird den meisten Menschen völlig absurd vorkommen – und viele können nicht mal darüber schmunzeln –, denn das Paradigma von der Unterdrückung der Frauen liegt wie ein Grauschleier über unseren Vorstellungen. Schieben wir ihn kurz beiseite: Nehmen wir doch einmal an, dass Männer Frauen gar nicht systematisch unterdrücken können und diese daher sich auch nicht von ihnen befreien müssen. Vielmehr mussten beide Geschlechter im Laufe der Geschichte immer gemeinsam neue Wege finden und ihre Aufgaben zur Erhaltung der Art und der Gemeinschaft teilen. Die Kriterien, nach welchen diese Aufteilung erfolgte, entsprangen nicht einem Herrschaftsgedanken, sondern waren abhängig von den äußeren Umständen, in denen die Menschen sich befanden – und bis zur Industrialisierung waren es zwangsweise die Männer, die den Part der strukturellen Macht in Wirtschaft, Politik und Religion inklusive der Gewaltausübung übernommen hatten beziehungsweise übernehmen mussten.

Und wieder soll hier nichts verschleiert werden: Selbstverständlich wurden (und werden) Gewalttaten überwiegend von Männern verübt und gibt es Gesellschaften mit grausamen Bräuchen. Doch die Interessenkonflikte zwischen den Geschlechtern waren stets eingebettet in die gesamten wirtschaftlichen und politischen Verhältnisse und nicht diesen übergeordnet. Unabhängig davon, wie die Gesellschaften organisiert waren, haben Männer und Frauen immer gemeinsam geherrscht oder unter Herrschern gelitten. Sie haben Regime bekämpft, Revolutionen bestritten oder Fabriken besetzt. Die Frauen der herrschenden Klasse teilten den Reichtum und die Privilegien der Männer und spornten diese durchaus dazu an, noch mehr davon anzuhäufen. Die Frauen der unterdrückten Schichten teilten das Schicksal der Männer und waren maßgebliche Initiatorinnen von Befreiungsbewegungen: Ob Bauernaufstand oder Arbeiterbewegung – Revolutionen bestanden immer aus beiden Geschlechtern, auch wenn die einen mit Waffen an den Kriegsfronten kämpften und die anderen zu Hause die Versorgung sicherstellten. Die Frauen des Vietcongs versorgten ihre Soldaten ebenso wie die Frauen der Nationalsozialisten; und oft unterstützten sie Rebellen auch im bewaffneten Kampf. Die Feinde waren immer eine andere Nation, eine andere politische Partei, eine Klasse, ein Regime; die Gegnerschaften verliefen entlang von gesellschaftlichen Schichten oder Weltanschauungen, niemals entlang des Geschlechts – nie kämpften „die" Männer gegen „die" Frauen. Der entscheidende Grund für politisches Engagement und Entscheidungen war nicht, ob die Forderungen dem eigenen Geschlecht dienten, sondern ob sie der gemeinsamen Ideologie nutzten.

Vielleicht liegt ja der grundlegende Fehlschluss der Opfertheorie darin, Frauen als Gesamtheit wie eine gesellschaftliche Klasse – beispielsweise die Arbeiterklasse – zu definieren. In marxistisch-feministischen Publikationen über den Geschlechterkampf werden die Männer genauso beschrieben wie die besitzende Klasse, die Bonzen: Sie würden immer nur an sich selbst denken, sie seien gierig, geltungssüchtig, unbeherrscht und gewalttätig. Sie würden aus purer Aggression Kriege führen, die Umwelt ausbeuten, Unrechtsregime errichten und Verbrechen begehen, Kinder missbrauchen und Frauen unterdrücken. Dann wäre es naheliegend, dass Frauen sich gegen ihre Unterdrücker auflehnen mussten.

Aber die Proponenten der Unterdrückungstheorie übersehen sowohl historische Fakten als auch psychologische Prinzipien: Die Männer selbst gehörten unterschiedlichen Klassen an und waren den Zwängen der jeweiligen Gesellschaft unterworfen. Männlichkeit definierte sich in den meisten patriarchalen Kulturen über Tugenden wie Selbstdisziplin, Stärke und Mut, Dienst an der Gemeinschaft, Schutz für Schwächere, Respekt und Höflichkeit; und für die unteren Schichten immerhin noch durch die Fähigkeit zur Versorgung der Familie und durch Arbeitstugenden wie Fleiß, Ausdauer und Genauigkeit. Um ein solch kultiviertes Verhalten zu erlernen, mussten Männer sich von klein auf einem harten Training unterziehen und ein hohes Maß an Selbstdisziplin aufbringen.

Auch wenn die feministische Forschung stets nur die Untaten der Männer beschreibt, so darf man doch nicht vergessen, dass es (aufgrund ihrer Rollenzuschreibung) die längste Zeit die Männer waren, die den Fortschritt der Technik vorangetrieben haben, um Hungersnöte zu verhindern und harte Arbeit zu erleichtern. Mit dem Aufkommen des Industrieproletariats, als Frauen und Kinder in Bergwerken und Fabriken arbeiten mussten, haben männliche Arbeiter die Grundlagen für den Sozialstaat gelegt – und viele haben den Kampf gegen die herrschende Klasse mit dem Leben bezahlt. Männer haben den Rechtsstaat entwickelt, um den Schutz der Schwächeren durch die Gesellschaft zu gewährleisten und – vor allem Frauen – von der Abhängigkeit und Willkür einzelner Männer zu befreien. Und als Frauen ihre Selbstbestimmung in der Erwerbstätigkeit sahen, haben Männer ihnen die leichteren und saubereren Arbeiten überlassen, ein früheres Pensionsantrittsalter eingeführt, Schutzzeiten für Schwangerschaft und Geburt und vieles mehr geschaffen. So hatten beispielsweise das Nachtarbeitsverbot für Frauen sowie die Beschränkungen für schweres Heben und Tragen noch bis vor einigen Jahren Gültigkeit, ehe sie vom Wunsch nach Gleichberechtigung hinweggefegt wurden; und die Anhebung des Rentenalters der Frauen wird nicht mehr lange auf sich warten lassen.

Es waren männliche Parlamentarier, die nach einigem Zögern und Aufbegehren die von den Frauen geforderten Rechte beschlossen haben. Man liest zwar, die Frauen seien auf die Barrikaden gegangen, aber die kleinen Demonstrationen muten im Verhältnis zu den großen Verlusten an Leib und Leben, die Männer in revolutionären Kämpfen erlitten haben, nahezu niedlich an. Der Widerstand der Männer gegen die Emanzipation kann nicht sehr groß gewesen sein.

Waren die Frauen unterdrückt, weil sie nicht die öffentliche Macht besaßen? Haben sie niemals Einfluss genommen, im Guten wie im Bösen? Wo wären sie denn über all die Jahrhunderte gewesen? Frauen lebten niemals in einem gesellschaftlichen Niemandsland oder in einem Paralleluniversum ohne Kontakt zum großen Ganzen. Wenn sie auch nicht über die gleichen Möglichkeiten in der Außenwelt verfügten wie die Männer, so gab es doch genügend andere. Die Fixierung des Feminismus auf die strukturelle (Über-)Macht der Männer hat die Frauen von ihrer ursprünglichen eigenen Macht abgespalten, die sie in der Innenwelt der Gesellschaft entwickelt haben: Sie waren (und viele sind es noch) Meisterinnen in den Disziplinen der moralischen, emotionalen und sexuellen Machtausübung. Nicht umsonst wurden die „Waffen der Frau" als durchaus gleichwertig eingestuft wie jene der Männer; und Mütter konnten (und können noch immer) die Männer in jedem Alter das Fürchten lehren.

Heute ist die Macht, über die Frauen verfügten, als „Weiblichkeitswahn" oder „Mutterschaftsfixierung" entwertet oder zumindest verschleiert. Intelligente, gut ausgebildete Frauen im Westen scheuen sich zunehmend, ihre weiblichen Attribute weiter einzusetzen, während die Frauen aus Asien und aus dem Osten ihren Wettbewerbsvorteil erkannt haben: Sie könnten mit Mütterlichkeit und Sexappeal den Kampf um die emanzipationsmüden Männer bald gewinnen.

Doch zurück zur Geschichte. Überwindet man das *allmachts-feministische* Denk- und Redeverbot, so kann man die Einflussnahme der Frauen auf die gesellschaftlichen Prozesse durchaus auch so beschreiben: Frauen setzten ihre moralische, emotionale und sexuelle Macht als Geliebte, Ehefrau und Mutter in den persönlichen Beziehungen ein, um ihre persönlichen Interessen, aber auch Anliegen für die Gesellschaft durchzusetzen. Und die Männer handelten nachweisbar im Sinne ihrer Frauen (und Kinder) – in der Wirtschaft, Politik, Wissenschaft und Kunst. Sie ließen sich „führen" und orientierten sich in erster Linie an deren Bedürfnissen. Oder kann man sich einen Herrscher, einen Minister, einen Bauern oder Arbeiter vorstellen, der auf Dauer gegen die Meinungen und Wünsche seiner Frau(en) hätte agieren können? Sein Alltag wäre die Hölle gewesen. Dem Chansonnier Charles Aznavour wird ein Zitat zugeschrieben: „Die Frauen mögen heute mehr Rechte haben – mehr Macht hatten sie früher".

Auch wenn Frauen nur selten offizielle Positionen innehatten, so nahmen sie doch Einfluss auf das Geschehen – nur eben meist informell. Sie waren in den Agrargesellschaften als Bäuerin oder im Handwerksbetrieb als Ehefrau des Meisters in den Arbeitsprozess eingebunden und maßgeblich an den Entscheidungen beteiligt – sie hatten die volle Kontrolle über die Produktivität des Mannes. Die „Frau des Hauses" war eine gesellschaftlich anerkannte Machtposition. Manche konnten im Umfeld der männlichen Macht auch eigenständig agieren – und manche waren noch grausamer oder gieriger als diese selbst, wie etwa Diane Ducret in ihrem Buch „Die Frauen

der Diktatoren" aufzeigt. Wenn Frauen Herrschaftsposi-
tionen innehatten, dann führten sie ebenso Kriege, beute-
ten die Bauern aus, ließen ihre Feinde foltern oder berei-
cherten sich auf Kosten des Volkes: Kleopatra, Englands
Königin Elizabeth I., Zarin Katharina die Große oder
Imelda Marcos sind dafür nur einige Beispiele aus der
Weltgeschichte. Frauen waren Musen und Mäzene, aber
auch Kriegstreiberinnen oder Mittäterinnen in Unrechts-
regimen. Sie wussten von der Entwicklung der Atombom-
be wie auch von den Konzentrationslagern – die einen
waren dafür, die anderen im Widerstand und viele waren
Mitläufer – wie eben die Männer auch. Die Frauen der
Unterschichten waren als Sklaven, als Mägde oder (sind)
als Wanderarbeiterinnen ebenso wie die Männer dieser
Klassen nur mit dem Überleben beschäftigt. Es war ihnen
– wie auch den Männern – verboten zu heiraten, und
wenn Kinder entstanden, so wurden diese ausgesetzt oder
kamen zu Pflegefamilien.

Wer den Männern ständig nur die Fehlentwicklungen
des Patriarchats vorwirft, ohne zugleich auf ihre Errun-
genschaften und auf ihren Dienst an der Gesellschaft
hinzuweisen, und wer die Frauen nur in der Opferrolle
sieht, ohne auf ihre ebenso vorhandenen Machtstrategien
und ihre Mitverantwortung in jeder Phase der Geschichte
einzugehen, missachtet die bestimmende Grundkonstante
zwischen Männern und Frauen:

Die Geschlechter funktionieren nicht wie gesellschaftliche Klassen nach dem Prinzip der Herrschaft. Sie sind

vielmehr existenziell aneinander gebunden. Ein Sieg des einen über das andere Geschlecht ist nicht möglich.

Die gegenteilige Annahme übersieht die grundlegende Verbindung und damit auch die Abhängigkeit zwischen Männern und Frauen. Während der Sieg einer Klasse über eine andere stets eine neue Gesellschaftsordnung begründet, würde der Sieg eines Geschlechts über das andere das Ende der Menschheit bedeuten: Wir würden schlichtweg aussterben. Männer und Frauen bleiben bei allen Konflikten immer aufeinander bezogen. Sie müssen sich aneinander orientieren, denn sie selbst – und die ganze Menschheit – können ohne einander nicht existieren. Leben und Überleben waren – und sind – überhaupt nur gemeinsam möglich.

Den Thesen von der unterdrückten Frau darf heute niemand mehr öffentlich widersprechen – kein Mensch, kein Medium, kein Manager und keine Partei kann sich das erlauben. Die *allmachts-feministische* Opfer-Ideologie hat auf allen Linien gesiegt. Aber erlauben wir uns wenigstens heimlich zu denken, dass Frauen im Patriarchat nie grundsätzlich von Männern unterdrückt waren; dass unterschiedliche Formen des Zusammenlebens und der Arbeitsteilung zwischen den Geschlechtern immer eine sinnvolle Anpassungsleistung auf Änderungen der klimatischen, technischen, wirtschaftlichen oder religiösen Bedingungen sind; dass Veränderungen – auch wenn sie äußerliche Ungleichheit bewirkten – grundsätzlich von beiden Geschlechtern mitgetragen wurden, um ein

Überleben oder eine Weiterentwicklung der Gemeinschaft sicherzustellen; dass die Systeme für eine gewisse Zeit funktioniert haben, manche in ihrem Verlauf in Gewalt und Missbrauch ausgeartet sind und alle auch wieder verändert wurden, wenn sich die Voraussetzungen geändert haben.

Eröffnen wir die Diskussion darüber, wie das Geschlechterverhältnis und die Gesellschaft sich entwickeln würden, wenn sie vom Dogma der Unterdrückung befreit wären; wenn wir annehmen dürften, dass bei allen Schwierigkeiten und Irrungen im Laufe der Geschichte ein prinzipielles Gleichgewicht der Macht zwischen Männern und Frauen bestand – auch wenn die Ausdrucksformen unterschiedlich waren, dass Frauen immer auch mitgestaltet haben und man sie nicht rückwirkend aus der Verantwortung entlassen kann.

Vielleicht werden sich diese Diskussionen aber auch von selbst erledigen, einfach aussterben: Jüngere Frauen und Männer verstehen oft nicht einmal mehr, was ihre Eltern über den Geschlechterkampf so mühsam diskutieren. Sie haben ganz andere Probleme.

Gemeinsam auf die Barrikaden

Der *Allmachts-Feminismus* ist drauf und dran, einen Riss durch die gesamte Gesellschaft auszulösen. Es ist ihm gelungen, die Anliegen einiger Frauen über alle politischen Differenzen hinweg in den Vordergrund zu spielen und die Frauen insgesamt als eine bevorzugte Gruppe zu positionieren. Er fördert den Kampf der Frauen gegen die Männer. Obwohl das heftig bestritten wird und der „Verdammungsfeminismus" angeblich der Vergangenheit angehört, führt die neue Praxis der Aufrechnung, der zwanghaften Gleichverteilung unweigerlich zu einem Verdrängungskampf.

Die Botschaften des *Allmachts-Feminismus* sind widersprüchlich und erzeugen daher Irritationen bei allen: Einmal sind die Frauen schwach und müssen gefördert werden, ein anderes Mal sind sie stark und sollen die Gesellschaft verbessern; einmal sollen sie wie die Männer sein, ein anderes Mal beklagt man den Verlust der Weiblichkeit. Einerseits sollen auch die Männer ihre Rolle reflektieren, andererseits akzeptiert man ihre eigenständigen Forderungen nicht, wenn sie nicht zugleich die Frauenfragen mit einbeziehen, und so weiter. Zu alledem schwächt die ständige offene oder subtile Schuldzuweisung an die Männer bei gleichzeitiger Idealisierung der

Frauen den existenziellen Zusammenhalt der Geschlechter und damit auch ihre Kraft für einen politischen Kampf.

Wir beschäftigen uns andauernd mit den Frauenforderungen und haben zu wenig Energie für die viel größeren Spannungsfelder unserer Gesellschaft. Eine nicht bewiesene schlechtere Bezahlung von Frauen und Quoten für Toppositionen sind nicht unsere Hauptprobleme. Wirkliche Gefahren sind hingegen: die rasant wachsende Kluft zwischen Arm und Reich; der Abbau des Sozialstaates, weil er angeblich unfinanzierbar sei; die schlechte Bezahlung von Frauen UND Männern in den Sozialberufen; die steigende Arbeitslosigkeit – besonders der Jungen; die Zukunft der Europäischen Union und des Euro; der Angriff der Finanzmärkte auf die Staatenfinanzierung sowie die Unterwerfung zunehmend aller Lebensbereiche unter das Prinzip der Gewinnmaximierung.

Frauen allein können die Gesellschaft nicht ändern, indem sie einseitig ihre Interessen durchsetzen, ohne auf das Ganze zu schauen – das konnten Männer übrigens auch zu keiner Zeit. Es gibt Männer, die ihre Macht missbrauchen oder nicht zum Wohle der Allgemeinheit einsetzen – und es gibt inzwischen ausreichend Beispiele dafür, dass Frauen nicht das bessere Geschlecht sind und die Macht ebenso missbrauchen können.

Daraus folgt, dass „Frau sein" als Kriterium für eine eigenständige politische Ideologie nicht geeignet ist – wie übrigens auch „Mann sein" nicht. Die weltanschaulichen Unterschiede sind wesentlich größer als die Gemeinsamkeiten des Geschlechts: Frauen wählen von radikal links bis ultra rechts, von piratenhaft innovativ bis gar nicht – genauso wie Männer. Wer versucht, die Menschen quer durch alle Schichten nach ihrem Geschlecht zu spalten, muss sich den Vorwurf der Fahrlässigkeit oder des Machtmissbrauchs gefallen lassen.

Welche Lösungen für die Probleme einer Gesellschaft und ihrer Untergruppen (Klassen) angeboten werden, hängt von der Ideologie der politischen Parteien ab, nicht vom Geschlecht. Und was davon umgesetzt werden soll, entscheiden in einer Demokratie die Wählerinnen und Wähler – dazu müssen sie durch klare Information die Chance haben, die Lage realistisch zu beurteilen und den politischen Gegner zu identifizieren. Es sind daher die Vertreter und Vertreterinnen der jeweiligen Ideologien, die man politisch bekämpfen muss – und nicht die Männer.

Die Dauerkrise der Wirtschaft und die Krise der Demokratie zwingen uns, neue Kompetenzen zu deren Bewältigung zu entwickeln. Dazu gehört, die *allmachts-feministische* Doktrin von der alleinigen Schuld der Männer und den Anspruch auf einen exklusiven Opferstatus der Frauen kategorisch abzulehnen. Vielleicht arbeiten neue Bewegungen schon an Strategien gegen die Vereinnahmung der Frauenthemen durch den *finanzgetriebenen Neoliberalismus*. Sie werden die Geschlechterfrage wieder in die zweite Reihe stellen, wo sie hingehört, und Männer und Frauen gleichermaßen politisieren, anstatt sie in Konkurrenz gegeneinander zu hetzen. Dann können wir uns endlich den wirklich drängenden Problemen zuwenden. Denn wenn Frauen und Männer sich nicht wieder zusammenschließen, um gemeinsam für ihre politischen Ziele zu kämpfen, ist es fraglich, ob wir die kommenden Zerreißproben überstehen können.

Danksagung

Ich bedanke mich sehr herzlich bei allen Frauen und Männern, die mit mir über das Geschlechterthema und gesellschaftspolitische Fragen diskutiert haben – erst durch ihr Engagement und ihre Leidenschaft konnte ich meine Thesen und Argumente schärfen. Vielen Dank auch allen, die mir als Testleserinnen und Testleser darüber hinaus mit ihren präzisen Rückmeldungen zum Text sehr geholfen haben.

Dank auch meiner Familie, meinen Freunden und Mitarbeiterinnen, die meine Launen in der Zeit des Buchschreibens geduldig ertragen und mich in allem unterstützt haben.

Und vielen Dank meinem mutigen Verleger, Dr. Hannes Steiner, meinem feinfühligen Lektor Dr. Arnold Klaffenböck sowie den tollen Mitarbeiter/innen des Verlages für die großartige Zusammenarbeit.

Serviceteil

Weitere Publikationen, Seminare
und Beratungsangebote von Christine Bauer-Jelinek

Die helle und die dunkle Seite der Macht. Ecowin, Salzburg 2009.
Die geheimen Spielregeln der Macht – und die Illusion der Gutmenschen. Ecowin, Salzburg 2007.
Business-Krieger. Überleben in Zeiten der Globalisierung. Wien/München 2003.

Seminare, Vorträge, Coaching
www.bauer-jelinek.at

Und wie ist Ihre Meinung zu den Thesen über Frauen und Männer im aktuellen Buch?

Diskutieren Sie mit der Autorin sowie anderen Leserinnen und Lesern auf Facebook
www.facebook.com/derfalschefeind

Oder stellen Sie einen Kommentar auf die Website der Autorin
www.bauer-jelinek.at

Quellen, weiterführende Literatur und Links

Bachofen, Johann Jakob: Das Mutterrecht. Eine Untersuchung über die Gynaikokratie der alten Welt nach ihrer religiösen und rechtlichen Natur. Frankfurt am Main 1975.

Badinter, Élisabeth: Die Mutterliebe. Die Geschichte eines Gefühls vom 17. Jahrhundert bis heute. München 1981.

Badinter, Élisabeth: Die Wiederentdeckung der Gleichheit. Schwache Frauen, gefährliche Männer und andere feministische Irrtümer. München 2004.

Barazon, Ronald: Kampf dem Kapitalismus. Salzburg 2006.

Bascha, Mika: Die Feigheit der Frauen. Rollenfallen und Geiselmentalität. München 2011.

Baumeister, Roy F.: Wozu sind Männer eigentlich überhaupt noch gut? Wie Kulturen davon profitieren, Männer auszubeuten. Bern 2012.

Beauvoir, Simone de: Das andere Geschlecht. Sitte und Sexus der Frau. Hamburg 2000.

Becker-Schmidt, Regina, und Gudrun-Axeli Knapp: Feministische Theorien zur Einführung. Dresden 2000.

Belenky, Mary F., Blythe M. Clinchy u. a.: Das andere Denken. Persönlichkeit, Moral und Intellekt der Frau. Frankfurt am Main 1989.

Bergmann, Frithjof: Neue Arbeit, neue Kultur. Freiamt 2004.

Bierach, Barbara: Das dämliche Geschlecht. Warum es kaum Frauen im Management gibt. Weinheim 2002.

Bischof-Köhler, Doris: Von Natur aus anders. Die Psychologie der Geschlechtsunterschiede. Stuttgart 2002.

Blimlinger, Eva, und Therese Garstenauer (Hrsg.): Women/Gender Studies. Against All Odds. Innsbruck 2005.

Bly, Robert: Eisenhans. Ein Buch über Männer. München 1991.

BM für Frauen und öffentlichen Dienst im Bundeskanzleramt Österreich (Hrsg.): Frauenbericht 2010. Bericht betreffend die Situation von Frauen in Österreich im Zeitraum von 1998 bis 2008. Wien 2010.

BM für Gesundheit und Frauen (Hrsg.): Sechster Bericht Österreichs an das Komitee für die Beseitigung der Diskriminierung der Frauen. Wien 2004.

BM für Soziale Sicherheit und Generationen (Hrsg.): Der gebrauchte Mann? Männliche Identität im Wandel. Wien 2003.

BM für Soziale Sicherheit und Generationen (Hrsg.): Scheidungsfolgen für Männer. Juristische, psychische und wirtschaftliche Implikationen. Wien 2003.

BM für Landesverteidigung (Hrsg.): Die Soldatin. Wien 2006.

Boberski, Heiner, Peter Gnaiger u. a.: Mächtig – Männlich – Mysteriös. Geheimbünde in Österreich. Salzburg 2005.

Bönt, Ralf: Das entehrte Geschlecht. Ein notwendiges Manifest für den Mann. München 2012.

Borneman, Ernest: Das Patriarchat. Frankfurt am Main 1991.

Brandstaller, Traudl: Die neue Macht der Frauen. Sieg der Emanzipation oder Krise der männlichen Eliten? Wien u. a. 2007.

Brandt, Gisela: Zur Frauenfrage im Kapitalismus. Frankfurt am Main 1973.

Braun, Christina von: Nicht ich. Frankfurt am Main 1990.

Butler, Judith: Das Unbehagen der Geschlechter. Frankfurt am Main 1991.

Crefeld, Martin van: Frauen und Krieg. München 2001.

Desvaux, Georges u. a.: Women Matter. Gender diversity, a corporate performance driver. McKinsey & Company, Inc. 2007.

Diamond, Jared: Arm und Reich. Die Schicksale menschlicher Gesellschaften. Frankfurt am Main 2006.

Ducret, Diane: Die Frauen der Diktatoren. Salzburg 2012.

Duhm, Dieter: Gewaltlosigkeit. Versuch einer Antwort. Radolfzell am Bodensee 1988.

Dux, Günter: Die Spur der Macht im Verhältnis der Geschlechter. Über den Ursprung der Ungleichheit zwischen Frau und Mann. Frankfurt am Main 1997.

Eder, Anselm: Das Böse. Woher es kommt und wofür es gut ist. Wien u. a. 1999.

Elias, Norbert: Über den Prozeß der Zivilisation. Soziogenetische und psychogenetische Untersuchungen. Frankfurt am Main 1976.

Engels, Friedrich: Der Ursprung der Familie, des Privateigentums und des Staates. Berlin 1962.

Enzensberger, Hans Magnus: Schreckens Männer. Versuch über den radikalen Verlierer. Frankfurt am Main 2006.

Ernst, Heiko: Weitergeben! Anstiftung zum generativen Leben. Hamburg 2008.

Evans, Gail: Typisch Mann? Typisch Frau? Erfolg durch Taktik im Beruf. Frankfurt am Main 2001.

Exner, Andreas (Hrsg.): Grundeinkommen. Soziale Sicherheit ohne Arbeit. Wien 2007.

Felber, Christian: Neue Werte für die Wirtschaft. Eine Alternative zu Kommunismus und Kapitalismus. Wien 2008.

Fichte, Johann Gottlieb: Das System der Sittenlehre nach den Prinzipien der Wissenschaftslehre. Hamburg 1995.

Fine, Cordelia: Die Geschlechterlüge. Die Macht der Vorurteile über Mann und Frau. Stuttgart 2012.

Firestone, Shulamith: Frauenbefreiung und sexuelle Revolution. Frankfurt am Main 1975.

Fleissner, Peter, und Natascha Wanek (Hrsg.): Bruchstücke. Kritische Ansätze zu Politik und Ökonomie im globalisierten Kapitalismus. Berlin 2009.

Flett, Christopher V.: Was Männer Frauen nicht erzählen. Weinheim 2009.

Francia, Luisa: Hexenbesen Zauberkraut. Die Grundlagen der Magie. München 2005.

Friedan, Betty: Der Weiblichkeitswahn oder die Selbstbefreiung der Frau. Reinbek bei Hamburg 2002.

Fuchs, Anneliese: Endlich Kooperation. Verbindung von Männlichem und Weiblichem in uns und in der Gesellschaft. Wien 2009.

Galbraith, John Kenneth: Die Ökonomie des unschuldigen Betrugs. Vom Realitätsverlust der heutigen Wirtschaft. München 2005.

Gaschke, Susanne: Die Emanzipationsfalle. München 2005.

Ghazal, Eluan: Schlangenkult und Tempelliebe. Sakrale Erotik in archaischen Gesellschaften. Berlin 1995.

Goldberg, Herb: Der blockierte Mann. Hindernisse auf dem Weg zur Nähe. Hamburg 1989.

Gordon Childe, Vere: Der Mensch schafft sich selbst. Dresden 1959.

Göttner-Abendroth, Heide: Die tanzende Göttin. Prinzipien einer matri-
archalen Ästhetik. München 1982.

Greer, Germaine: Die ganze Frau. Körper, Geist, Liebe, Macht. München
2000.

Gruner, Paul-Hermann, und Eckhard Kuhla (Hrsg.): Befreiungsbewe-
gung für Männer. Auf dem Weg zur Geschlechterdemokratie. Gießen 2009.

Guger, Alois, und Markus Marterbauer: „Die langfristige Entwicklung
der Einkommensverteilung in Österreich". Studie des Österreichischen Instituts für Wirtschaftsforschung im Auftrag des Bundesministeriums für soziale Sicherheit, Generationen und Konsumen-
tenschutz. Wien 2004.

Guggenbühl, Allan: Männer Mythen Mächte – Was ist männliche Identität? Zürich 1994.

Haug, Frigga (Hrsg.): Erziehung zur Weiblichkeit. Alltagsgeschichten
und Entwurf einer Theorie weiblicher Sozialisation. Hamburg 1991.

Herman, Eva: Das Eva-Prinzip. Für eine neue Weiblichkeit. München
u. a. 2006.

Hirschmann, Albert O.: Leidenschaften und Interessen. Politische Be-
gründungen des Kapitalismus vor seinem Sieg. Frankfurt am Main
1987.

Hoffmann, Arne: Rettet unsere Söhne. Wie den Jungs die Zukunft ver-
baut wird und was wir dagegen tun können. München 2009.

Höhler, Gertrud: Wölfin unter Wölfen. Warum Männer ohne Frauen
Fehler machen. Berlin 2006.

Holl, Adolf: Brief an die gottlosen Frauen. Wien 2002.

Hollstein, Walter: Was vom Manne übrig blieb. Krise und Zukunft des
starken Geschlechts. Berlin 2008.

Holztrattner, Manfred: Macht ohne Moral. Wirtschaft und Politik am
Beginn des 3. Jahrtausends. Wien 2007.

Hurwitz, Siegmund: Lilith – Die erste Eva. Eine historische und psychologische Studie über dunkle Aspekte des Weiblichen. Einsiedeln
1993.

Horx, Matthias: Das Megatrend-Prinzip. Wie die Welt von morgen entsteht. München 2011.

Illich, Ivan: Genus. Zu einer historischen Kritik der Gleichheit. München
1995.

Illner, Maybrit (Hrsg.): Frauen an der Macht. 21 einflussreiche Frauen berichten aus der Wirklichkeit. Kreuzlingen u. a. 2005.

Karmasin, Sophie, und Peter Filzmaier: Der neue Jugendmonitor. 4. Welle: Meinungen und Einstellungen der Jugend zur Familie. Hrsg. Bundesministerium für Wirtschaft, Familie und Jugend. Wien 2011.

Klein, Naomi: Die Schock-Strategie. Der Aufstieg des Katastrophen-Kapitalismus. Frankfurt am Main 2007.

Kleinhenz, Susanne: Das 21. Jahrhundert ist weiblich. Weiblich bewegt und erfolgreich in eine neue Zukunft. Offenbach 2007.

Kösten, Ingrid M.: Anders, aber gleich. Frauen und Männer der Zukunft. Wien 2005.

Kucklick, Christoph: Das unmoralische Geschlecht. Zur Genese der negativen Andrologie. Frankfurt am Main 2008.

Kullmann, Katja: Generation Ally. Warum es heute so kompliziert ist, eine Frau zu sein. Frankfurt am Main 2002.

Kuzmics, Helmut: Der Preis der Zivilisation. Die Zwänge der Moderne im theoretischen Vergleich. Frankfurt am Main und New York 1989.

Lasch, Christopher: Das Zeitalter des Narzissmus. München 1980.

Lay, Rupert: Dialektik für Manager. Methoden des erfolgreichen Angriffs und der Abwehr. München 2001.

Lehner, Johannes M., und Walter O. Ötsch: Jenseits der Hierarchie. Weinheim 2006.

Lerner, Gerda: Die Entstehung des feministischen Bewußtseins. Frankfurt am Main 1995.

Lukas, Andreas: Abschied von der Reparaturkultur. Selbsterneuerung durch ein neues Miteinander. Wiesbaden 1995.

Luxemburg, Rosa: Die Proletarierin. In: Gesammelte Werke. Band 3. Berlin 1973.

Maaz, Hans-Joachim: Der Lilith-Komplex. Die dunklen Seiten der Mütterlichkeit. München 2003.

Mayrhofer, Wolfgang, Michael Meyer u. a.: Macht? Erfolg? Reich? Glücklich? Einflussfaktoren auf Karrieren. Wien 2005.

Meschede, Eva: Allein unter Freundinnen. Rivalität unter Frauen. Freiburg im Breisgau 2008.

Micus, Christiane: Friedfertige Frauen und wütende Männer? Weinheim u. a. 2002.

Millett, Kate: Sexus und Herrschaft: Die Tyrannei des Mannes in unserer Gesellschaft. München 1971.

Mitscherlich, Margarete: Die Zukunft ist weiblich. München 1990.

Moir, Anne, und David Jessel: Brain Sex. Der wahre Unterschied zwischen Mann und Frau. Düsseldorf u. a. 1990.

Moran, Caitlin: How to be a Woman. Wie ich lernte, eine Frau zu sein. Berlin 2012.

Müller, Christa: Dein Kind will dich. Echte Wahlfreiheit durch Erziehungsgehalt. Augsburg 2007.

Norwood, Robin: Wenn Frauen zu sehr lieben. Die heimliche Sucht, gebraucht zu werden. Reinbek bei Hamburg 1986.

Özalp, Miriam: Ein ganzer Mann. Ein Buch über die Freuden, Risiken und Nebenwirkungen des „Mannseins". Wien 2001.

Pabst, Esther Suzanne: Die Erfindung der weiblichen Tugend. Kulturelle Sinngebung und Selbstreflexion im französischen Briefroman des 18. Jahrhunderts. Göttingen 2007.

Panse, Winfried, und Wolfgang Stegmann: Kostenfaktor Angst. Landsberg am Lech u. a. 1996.

Penny, Laurie: Fleischmarkt: Weibliche Körper im Kapitalismus. Hamburg 2012.

Pinl, Claudia: Männer lassen arbeiten. 20 faule Tricks, auf die Frauen am Arbeitsplatz hereinfallen. Frankfurt am Main 2000.

Ranftl, Edeltraud: Gleicher Lohn für gleiche und gleichwertige Arbeit. Leitfaden zu Bestimmungen der Entgeltgleichheit und nicht diskriminierender Arbeitsbewertung. Wien 2004.

Reich, Wilhelm: Die Massenpsychologie des Faschismus. Frankfurt am Main 1985.

Reich, Wilhelm: Rede an den kleinen Mann. Frankfurt am Main 1984.

Rich, Adrienne: Von Frauen geboren. Mutterschaft als Erfahrung und Institution. München 1979.

Riedl, Sabina, und Barbara Schweder: Der kleine Unterschied: Warum Frauen und Männer anders denken und fühlen. Wien und München 1997.

Rosenkranz, Barbara: MenschInnen. Gender Mainstreaming – auf dem Weg zum geschlechtlosen Menschen. Graz 2008.

Rubin, Harriet: Machiavelli für Frauen. Strategie und Taktik im Kampf der Geschlechter. Frankfurt am Main 1998.

Safranski, Rüdiger: Das Böse oder das Drama der Freiheit. München u. a. 1997.

Schmid, Wilhelm: Philosophie der Lebenskunst. Eine Grundlegung. Frankfurt am Main 1999.

Schmölzer, Hilde: Der Krieg ist männlich. Ist der Friede weiblich? Wien 1996.

Schmölzer, Hilde: Die abgeschaffte Mutter. Der männliche Gebärneid und seine Folgen. Wien 2005.

Schopenhauer, Arthur: Die Kunst, Recht zu behalten. Frankfurt am Main u. a. 1995.

Schreilechner, Michaela: Gleich(be)handeln. Frauenförderung als neue Wertschöpfungsform. Wien 1993.

Schröder, Kristina: Danke, emanzipiert sind wir selber! Abschied vom Diktat der Rollenbilder. München 2012.

Schwarz, Gerhard: Die „Heilige Ordnung" der Männer. Wiesbaden 2000.

Schwarzer, Alice: Damenwahl. Vom Kampf um das Frauenwahlrecht bis zur ersten Kanzlerin. Köln 2008.

Schwarzer, Alice: Der kleine Unterschied und seine großen Folgen. Frauen über sich, Beginn einer Befreiung. Frankfurt am Main 1975.

Schweder, Barbara: Mutterliebe. Warum sie uns stark macht. Weshalb sie bedroht ist. Wien 2008.

Sennett, Richard: Der flexible Mensch. Die Kultur des neuen Kapitalismus. Berlin 1998.

Sigmund, Anna Maria: Die Frauen der Nazis. München 2005.

Sloterdijk, Peter: Die Verachtung der Massen. Versuch über Kulturkämpfe in der modernen Gesellschaft. Frankfurt am Main 2000.

Solanas, Valerie: Manifest der Gesellschaft zur Vernichtung der Männer, SCUM. Reinbek bei Hamburg 1983.

Sommer, Bernd: Prekarisierung und Ressentiments. Soziale Unsicherheit und rechtsextreme Einstellungen in Deutschland. Wiesbaden 2010.

Starhawk: Mit Hexenmacht die Welt verändern. Freiburg im Breisgau 1991.

Stephan, Cora: Das Handwerk des Krieges. Berlin 1998.

Stiegnitz, Peter: Das fünfte Gebot. Eine Geschichte der Gewalt. Wien u. a. 2005.

Szczesny-Friedmann, Claudia: Die neue Großfamilie. Notlösung oder Zukunftsmodell? Reinbek bei Hamburg 1996.

Twrznik, Manfred: Aufbruch zum Mann. Stark, lustvoll und weise – in Beruf, Alltag und Beziehung. München 2002.

Urel, Elif: Die Kriegskunst der Amazonen. Frankfurt am Main 2006.

Vilar, Esther: Der dressierte Mann. Gütersloh 1971.

Weber, Max: Wirtschaft und Gesellschaft. Grundriss der verstehenden Soziologie. Frankfurt am Main 2010.

Weininger, Otto: Geschlecht und Charakter. Eine prinzipielle Untersuchung. Wien u. a. 1919.

Weniger, Gerd-Christian: Projekt Menschwerdung. Streifzüge durch die Entwicklungsgeschichte des Menschen. Herne 2000.

Werlhof, Claudia von: Die Verkehrung. Das Projekt des Patriarchats und das Gender-Dilemma. Wien 2011.

Whitmont, Edward C.: Die Rückkehr der Göttin. Von der Kraft des Weiblichen in Individuum und Gesellschaft. München 1989.

Wirth, Hans-Jürgen: Narzissmus und Macht. Zur Psychoanalyse seelischer Störungen in der Politik. Gießen 2006.

Wissenschaftlicher Beirat der L. K. Akademie (Hrsg.): Leopold Kohr. Die Lehre vom rechten Maß. Salzburg u. a. 2006.

Zulehner, Paul M. (Hrsg.): MannsBilder. Ein Jahrzehnt Männerentwicklung. Ostfildern 2003.

Ausgewählte Medienberichte

Baldinger, Inge: Die stärkste Liebe der Welt. *Salzburger Nachrichten* (21.05.2012).

Bauer, Gernot, und Robert Treichler: Löhne: Die Wahrheit über die Ungleichheit. *profil online* (12.05.2012).

Bönt, Ralf: Mutter Macht. *Zeit online* (23.03.2012).

Borchardt, Alexandra: Macht macht männlich. *Süddeutsche Zeitung* (25./26.08.2012).

Guerrero, Marion: Kann ein Mann genauso Feminist sein wie eine Frau? *der Standard.at* (24.01.2012).

Haaf, Meredith: Warum wir einen neuen Feminismus brauchen. *Zeit Campus* (06.03.2008).

Habres, Christof: Memme oder Mann? Der Mann als Sündenbock für Konflikte, Kriege und Krisen? *Wiener Zeitung* (28.06.2012).

Hammerl, Elfriede: Männerpartei. *profil online* (15.08.2012).

Hausbichler, Beate: Nichts verschwiegen, nichts unter den Teppich gekehrt. *dieStandard.at* (15.05.2012).

Hausbichler, Beate: Zahlen, Daten, Fakten zur Lohnschere. *dieStandard.at* (02.10.2011).

Kelle, Birgit: Wir brauchen einen femininen Feminismus. *Focus online* (12.03.2012).

Kiyak, Mely: Denn sie wissen nicht, was sie wollen. *Die Zeit* (26.01.2012).

Kucklick, Christoph: Das verteufelte Geschlecht. *Die Zeit* (16.04.2012).

Lenz, Ilse: Der Mythos Männerhass. *Die Zeit* (08.05.2012).

Linsinger, Eva: Die Männerpartei und der „menschenfeindliche Feminismus". *profil online* (01.08.2012).

Martenstein, Harald: „Die Kunst des Niederwalzens ist nicht nur Männern gegeben". *Zeit Magazin* (03.05.2012).

Martin, Marko: Feminismus hat den Mann zum Verlierer gemacht. *Welt online* (07.05.2012).

Niejahr, Elisabeth: Wenn Frauen auf die große Macht verzichten. *ZEIT online* (05.07.2012).

Pauer, Nina: Die Schmerzensmänner. *Die Zeit* (06.01.2012).

Schmidt, Marie: Schlachtfeld Frau. *Die Zeit* (08.03.2012).

Schrenk, Jakob: Soft kills! *Neon* 09 (2012).

Treichler, Robert: Wir Frustrierten. *profil online* (12.05.2012).

Weiterführende Links

Fernsehdiskussion im *Club 2* (ORF) vom 11. April 2012 zum Thema „Mythos Einkommensschere – ein schlechter Scherz?", abrufbar auf www.youtube.com

Allgemeiner aktueller Einkommensbericht der Statistik Austria: www.statistik.at

Einkommensstatistiken des Statistischen Bundesamts Deutschland: www.destatis.de

Homepage der Interministeriellen Arbeitsgruppe für Gender Mainstreaming/ Budgeting des österreichischen Bundesministeriums für Frauen und öffentlichen Dienst: www.imag-gendermainstreaming.at/

Infoseite des deutschen Bundesministeriums zum Thema Gender Mainstreaming: www.gender-mainstreaming.net/

Infoseite der Europäischen Union zum Thema Gender Mainstreaming: ec.europa.eu/justice/gender-equality/index_en.htm

Umfrage des Meinungsforschungsinstituts *Spectra* zum Thema „Rollenbild von Mann und Frau: Zwischen Selbstverwirklichung und traditionellen Werten": www.spectra.at/archiv/Aktuell_10_12_Rollenbild.pdf

Umschlag und Ideen:
kratkys.net

Ecowin wurde 2003 als unabhängiger Verlag gegründet.

Wir konzentrieren uns auf spannende Autoren, die zu spannenden Themen und Entwicklungen unserer Welt einen Beitrag leisten.

Die Vielfalt der Meinungen sowie der Diskurs unter den Autoren und innerhalb des Verlags sind uns viel wichtiger als das Vertreten nur einer Denkweise.

Wir investieren in langfristige Beziehungen mit unseren Autoren, Herstellern und Buchhändlern.

Bis heute haben wir weder Verlagsförderung beantragt noch erhalten.

Als österreichischer Verlag produzieren wir von Beginn an ausschließlich umweltfreundlich* in Österreich.

Nichts ist für uns spannender als das nächste neue Buch.

HANNES STEINER
VERLEGER

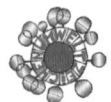

*Wir freuen uns, dass die Druckerei Theiss unsere Bücher nach den Richtlinien des österreichischen Umweltzeichens herstellt. Sowohl die Materialien als auch die Produktion entsprechen dem hohen österreichischen Umweltstandard. Das Buch, das Sie in den Händen halten, ist auf FSC-zertifiziertem Papier gedruckt, mit Faden geheftet und von einem Naturpapier-Umschlag geschützt.